人生が変わる！

先生のための
仕事革命
ワークブック

澤田真由美 先生の幸せ研究所 代表

学陽書房

はじめに

「自分の働き方を変えたい」
「ゆっくり眠りたい」「子育ての時間を取りたい」
「大量の仕事をなんとかして、もっとプライベートと両立させたい」
　本書を手に取ってくださったのは、そんな思いを抱えている先生たちではないでしょうか。
　本書は、そんな先生たちに、自分の仕事のしかたを変えていく方法をお伝えする本です。

　私は二度の教員経験を経て、「先生の幸せ研究所」を立ち上げました。

　私の一度目と二度目の教員経験は、まったく違う体験でした。
　一度目は独身で実家暮らしだったので、好きなだけ仕事ができる環境でした。好きな仕事を好きなだけできるなら、幸せなはずなのに、実際は保護者との関係も含めて、たくさんの悩みを抱えながら、疲れ切った日々を過ごしていました。
　ふと「もう働きたくない…」そんな言葉が出てくる毎日。心も体もボロボロでした。今思えば、過労死ラインを超える働き方でした。
　教師の働き方改革が叫ばれている中、現在もこうした働き方をしている先生は多いのではないかと思います。

　その後、結婚を機にいったん教職を離れました。住まいも東京から大阪に移り、出産を経て、二度目の教師生活を送ることになりました。
　このときは、０歳児の育児をしながらでしたので、毎日お迎えの時間との闘いで、残業したくてもできない状況でした。
　すると、以前とは異なり、「もう少し働きたい…」と、つぶやきな

がらお迎えに走る毎日になりました。そして、育児と仕事をこなしながらも、「あれ？　疲れてない、困ってもいない」ということに気づきました。

一度目の教師生活ではあんなに毎日疲れ切っていたのに、今度は元気に子どもたちの前に立てるのです。

もちろん、完璧ではありません。もっと念入りに明日の授業準備をしたいと思いながら、後ろ髪を引かれる思いで保育園のお迎えに急ぐ日々でしたが、授業に支障はありませんでした。客観的に見てクオリティが落ちたということもありません。

それより、帰宅して子どもと夕食の時間を楽しむことで、とてもリフレッシュできるようになりました。子どものペースに合わせて早めに就寝しますので、睡眠時間も確保できて、1日の疲れも取れたように感じました。

どうしてもやり残した仕事は、残業できない分、翌朝に回しました。すると、思ったより短時間で終わるのです。無駄に過ごしてしまったと悔やむ時間がなく、充実感を持つことができました。

二度目の教師生活は、授業も、子どもたちとの関わりも、保護者とのコミュニケーションも、とても充実していて幸せな、思い出深いものになりました。

一度目と二度目の 教師生活がなぜこれほどまでに違ったのでしょうか。結婚をして住む場所も変わったという変化はありましたが、大きな理由はそこではありません。

それは私の考え方が変わり、それに伴って行動が変わり、周囲の反応が変わったことで、私の充実感が向上したのだと思います。

本書では私が経験した二度の教師生活の違いを踏まえて、ワーク・ライフバランスの大切さをお伝えしていきたいと思います。

　先生が自分の幸せをがまんして、長時間労働に耐えて、プライベートを犠牲にして仕事をするのはつらいことです。それでは続けられなくなってしまいます。

　そうではなく、プライベートにも十分な時間を取り、充実したライフを送りながら、ワークの成果を上げていくこと。

　そのワークとライフの両方の充実があってこそ、先生と過ごす子どもたちに、「大人になるのが楽しみ」と感じさせることができるのだと思います。

　本書は、あなたの今の状態を知ることから始まり、どのように考え方を変えていけばよいのか、ワークショップ形式で進めます。方向性が見えてきたら、それを実践するための具体的な方法、仕事の効率化のコツなどもお伝えしていきます。

　本書に取り上げたワークショップを実際にやってみて、「目に見えて生活が変わりました。とっても『ふふん♡』な感じです」と言ってくださった方もいました。

　どうか本書によって、あなたの教師としての人生とプライベートが充実したものになり、教師をやっていて本当によかったと、心から思える毎日になるように願っています。

2020年1月

先生の幸せ研究所

澤田真由美

第1章 ゆとりが生まれると教師人生が変わる！

第2章　あなたの人生を変える！「ワーク・ライフバランス」ワーク

第3章　ちょっとした工夫があなたの人生を変える！

第1章

ゆとりが生まれると
教師人生が変わる！

ボロボロになって働いていた 3年目までの私

過労死ラインを超える働き方だった

　私はもともと「自分の子ども時代の小学校生活が楽しかった。だからきっと先生になったら楽しいだろうな」という思いで教員を目指していました。希望どおり東京都の教員試験に合格したときには本当にうれしかったです。

　子どもたちと一緒に楽しいクラスをつくりたい、子どもたちと一緒に語り合ったり歌を歌ったりしたいと、期待に胸をふくらませて初めての担任を受け持ちました。

　そして、ここで初めて、学校の先生が、自分の思い描いていたような、子どもと楽しく過ごすような仕事というものではなかった！　ということに気づきました。膨大な仕事に追われてヘトヘトになるような仕事なのだと身をもって理解することになりました。

　そのとき、私は新卒の22歳。気力も体力も充実して若くて本当ならとても元気なはずです。でも、毎日、いつまでも終わらない事務処理や、子どもたちへの対応、保護者からの要望に応える日々で、「身を削るとはこのことか」「人間らしい生活がしたい」と思いながら、身も心も壊れる寸前、ギリギリの精神状態でした。

　とりわけ、丸つけや提出物チェックには時間を取られ、それでも、「授業準備や丸つけって授業時間と同じくらいかかるから大変だなあ。でもほかにやりようがない」と思い込んで、しかたなく毎日毎日、放

課後に目を通す、という作業をしていました。一教科の学級全員分のノートに目を通すだけでも小一時間かかっていたので、学級児童数が少ない他学年の担任がうらやましくて仕方ありませんでした。自分の効率の悪さを棚に上げて「早く帰る人は手を抜いているに違いない」と考えたこともありました。

　日々の仕事があまりに大変で、残業に続く残業を重ね、毎日５時間以上の残業をしていたと思います。そして、家に帰ると文字通り倒れるように寝て、休日はぐったりして、体力温存のために引きこもるという毎日でした。

　しかも、保護者のクレームにおびえ、学級はまとめられず、いつも周りと比べて自信をなくしていました。それは本当につらい日々でした。

▌ つらいのはあなただけじゃない

　このころの私は、相当に精神的に参っていたと思います。しかし毎日、体と心を奮い立たせて出勤し、職員室では仕事に一生懸命で前向きなふりをしていました。

　実は今も、職員室にはこんな思いをしている若い先生がたくさんいるのではないでしょうか。そんな先生方は、**自分のつらさを、同僚に話したり、グチを言えたりしているでしょうか。していなかったとしたら、ぜひぜひグチってみてください。ちょっとでいいので「つらいよ〜」とSOSを出してみてください。**

　私はそれができず、後で元同僚にそのころの本音を話したときにとても驚かれました。「自信なさそうなときあったよね。でもそこまでだったの?!」「全然気が付かなかった」などなど。

　そのとき思いました。私も気づけなかったけれど、職員室にはもしかしたら私のほかにも、周りにわからないようにしながらも本当はしんどくて「もう辞めたい」という人がいたかもしれないのです。

　そう思うと、胸が痛みます。

赤ちゃんを抱えながら働いても早く帰れるとこんなに違う!

もう一度、教員の生活に戻って

　その後、私は結婚して大阪へ引っ越すことになり、逃げるように東京都の教員を退職しました。もう二度と教員に戻ることはないと思っていたある日、「ワーク・ライフバランス」という考え方を知り、心からワクワクしたのです。「成果を出しながら定時に帰るなんてできるのかな…。でも本当にかなうならやってみたい!」と、もう一度大阪で教員採用試験を受け直しました。子どもを出産していましたので、今度は0歳の乳飲み子を抱えての再スタート。本当にできるんだろうかと、不安な気持ちも抱えながらの二度目の教員生活が始まりました。

　新学期が始まってすぐ、校内でとても信頼を集めるベテランで温かい男性T先生から「大丈夫か?」と聞かれました。幼い子を育てながら担任をしていたのは私1人だったので気にかけてくれたのでしょう。

　ふいに私は半分泣きそうになりながら「回っていません、、、」と答えていました。無意識のうちに「こんなに業務量が多ければできっこない」「自分にはどうしようもないから助けて」と「できない理由」を探していました。

　しかし、T先生は温かいまなざしで「そうかそうか、頑張れ!」と一言言って行ってしまいました。

　そのとき私が心に決めたこと、それは「前と同じことをしたら、定時までには絶対に終わらない。徹底的に時間を意識しよう」「自分で

選んだ道なのだから、自分の幸せに責任を持とう」ということでした。

▎ 効率を徹底的に考えてみた！

　それからは徹底的に効率を考え、無駄を省きました。

　例えば、これは話すほうが早いのか、メモを渡すほうが早いのか。あるいは話すときに手元のメモを見せながらのほうが早いのか、など細部にまでこだわって時間を大切にしました。

　学校全体に貢献し管理職からも若手からも絶大な信頼を集めながら毎日定時で帰るＴ先生や、ほかの先生のやり方・考え方を自分にインストールしようと観察しました。そこで学んだことはたくさんあり、

- 会議は定刻に始めて定刻前に終わること
- 「したほうがいい」からと軽々しく仕事を増やさないこと
- 仕事はシンプルにできること
- 職員室の人間関係を大切にすること　などなど。

　そうしているうちに、一度目の教員生活とは全然違う充実感で生活していることに気づきました。

　保育園のお迎えという時間制約のおかげで朝から頭はフル回転、瞬時に優先順位をつけてタッタカと仕事をこなしていきました。

　それでも、ごくたまに残業できる日は、優先度の低い、明日以降にすればいいことをつい「今やっておこう」と割り込ませてしまいます。また、帰ろうと思えば帰れるのに「後々楽になるかも」とよけいな先回りをして手を着けてしまいます。

　そして残っていると、いろんな人に話しかけられたり自分も必要以上に話しかけたりして、私生活の時間があっという間に削られてしまいます。

　そんな中で、時間をかければいい仕事ができるというのはまったくの迷信であり、むしろ時間制約があるからこそ効率よく仕事ができるんだと気づくようになりました。

自分に投資しよう！
小室さんとの出会い

▍小室淑恵さんと出会って

初めに「ワーク・ライフバランス」を知ったきっかけは、ワークライフ・バランスコンサルタントの小室淑恵さんでした。ワークとライフは「バランス」ではなくて「シナジー」なのだというのは、小室さんの本やセミナーで教わったことです。

ライフを充実させることがワークの充実につながるのだと知った私は、習い事やサークル活動でどんどん外に出るようになりました。 東京での教員時代にぐったり引きこもっていたのが嘘のようでした。

▍健康も友だちも手に入れた

ウォーキングを習ったら長年抱えていた腰痛が治りました。のっぽの私は洋服選びにいつも困るのですが、ウォーキングを習いに来ていた同じく長身の女性がとてもおしゃれだったので話しかけてみました。するとどこで買い物をしているかを教えてもらえ、まったく異業種の友だちができました。

ウォーキングを習ったり、知らない人に話しかけたりするのは、東京時代の暗かった私では考えられない行動でした。家と仕事場だけの往復ではなくて、自分に刺激を与えることが大切だと、小室さんに教わっていたので思い切ってできたことです。

教員サークルにも顔を出すようになりました。他校の先生たちとの出会いはとても刺激的でした。困ったことがあったときに相談できる相手が校内の同僚や管理職以外にもたくさんできました。「自分を支える柱が多いほど安定して立っていられる」と思いました。

　保護者対応に不安があったので、「数年後までには保護者対応が得意と言えるようになる」という目標を立てました。それには自分が変わらなければいけません。心理学を学んだことで、保護者にもいろいろなタイプの人がいることがよくわかるようになり、自分と違うタイプの保護者も肯定的に見られるようになりました。

　過去の保護者とのトラブルについて、ずっと自分を責め続けトラウマになっていましたが、外の世界で知り合った弁護士の方から、「『担任裁量』であり、あなたが悪かったのではない」という見解を聞けて心がすっと楽になりました。

▌家族との協力

　小室さん夫婦が協力して家事育児をしていることを知った私はそれにもあこがれ、実現できるように行動しました。当時はお皿も下げない夫に不満をためながらも「女性がしなくては…」とあきらめて自分を渋々納得させていた私でしたが、「夫婦で支え合い尊敬し合える関係でいたいこと」を夫に理解してもらえるよう話し合いました。

　今では夫はすっかり家事メン・イクメンに生まれ変わり、お互いに支え合いカバーし合っていることが実感できる日々です。

　お互いに家事が負担にならないように、また、自分や家族との時間を少しでも増やすため、夫と話し合って、家事時間の短縮には投資をしています。お掃除ロボット、洗濯乾燥機、食洗機、買い物はネットスーパー、日用品は定期配達などです。

　自分1人で頑張りすぎなくていいことも、小室さんとの出会いをきっかけに学んだことです。

働きすぎで
倒れる人を減らそう！

　働きすぎで倒れる先生は後を絶ちません。私の知り合いにも突然倒れた先生がいます。子どものために「もっと、もっと！」と研究熱心な人でした。小さいお子さんを残して逝ってしまいました。

　その先生の笑顔を思い出し、ご家族のやるせなさを想像すると、言葉にできない寂しさや怒りがわいてきます。

　「いい先生」がなぜ、働きすぎで命を落とさなければいけなかったのでしょうか。**そうした先生方は特別な働き方をしているごく少数派なのかというとそうではありません。過労死ラインを超える働き方をしている教師は小学校では全体の３割、中学校では６割です。**

　つまり教師という職業においては珍しいことではないのです。どの学校にもいる「いい先生」たちが倒れるということがしばしば起こっています。

▎仕事どっぷり先生にならないように

　教師としての自分につい自らの時間をつぎ込みすぎる先生がいます。こうした仕事のやり方は、命に関わります。仕事にはまりすぎてしまうと、今の学校の中では簡単に命を危険にさらすことになります。

　教師の中には実はかなりの割合で「ワークが趣味」「ライフを削ってでもワークを」という人がいます。

自分よりも仕事を優先し、学校の子どものために私生活を投げ出しがちで、「趣味＝仕事」という先生は多いのです。

　「学級だよりも、保護者への電話も、子どもと遊ぶのも、個別指導も、校務分掌もすべてしたい！」と、全力で取り組み、熱血先生と呼ばれている人もいるかもしれません。

　職員室の風土に「遅くまでやっているからえらい」という空気がある場合、そういう先生はますます張り切ってしまいます。

　仕事が大好きな気持ちはそのまま大切にしていただきたいのですが、働き方を考え直さなくては命を危険にさらしてしまいます。

▌仕事の質の低下と命の危険

　慢性疲労研究センターの佐々木司センター長によると、仕事のおもしろさは疲労を容易に隠してしまうそうです。仕事のおもしろさのために感覚がマヒして疲労を感じることができず、気が付いたら倒れる寸前、ということがあり得るのです。思い当たることがあるようでしたら、自分の命を守るため、どうか意識して休みを取ってください。あなたが健康でいられるように。家族や大切な人に寂しい思いをさせたり、悲しませたりしないように。

　もし命を落とすまででではなかったとしても、長時間学校で過ごしていると、視野が狭くなりアイデアはわきにくくなります。仕事が大好きな割には仕事の質が上がりません。長時間労働で集中力が下がり、仕事の質が低下するおそれさえあります。

　また、島津明人教授によると、人間は起きてから13時間が経過すると集中力が低下し、15時間経過すると酒気帯び運転並みに下がるそうです。朝6時に起きた人は、夕方7時以降に重要な会議をしても集中力が途切れてアイデアが出ないということになります。

　大好きな仕事を長く続け、質を高く保つためにも、これからの自分の働き方を考えてみましょう。

ライフとは？　ライフの
4要素と理想的な過ごし方

　ワーク・ライフバランスでは、ライフの充実にもこだわって、人生トータルでの幸せと充実を考えます。そのために、教師としてだけではなく1人の人として自分自身に問いかけてみましょう。

　もしライフを大切にすることに「悪いな…」とか罪悪感があるようであれば、以下の「ワークへの効果」を強く意識してみてください。**教師という仕事は、ライフを大切にすると必ずワークにいい影響が生まれます。**

▌ライフの4要素

A　体を満たす時間

　十分な睡眠時間と体をケアする体調管理の時間です。あなたは自分の体の声に耳を傾けているでしょうか。運動や食事に気を配るのもこの時間です。できれば、体が不調のサインを送ってくる前に自分を十分いたわってあげてください。

ワークへの効果：この時間が充実すると日中の集中力と活力がわき、より密度の高い仕事ができるようになります。

B　心を満たす時間

　新しい出会いにワクワクしたり、家族や友人と心からリラックスし

たり遊んだりする自由な時間です。しっかり自分を満たしてあげましょう。カフェで1人ゆるゆると過ごすのもいいですし、仲間と思いっきりアウトドアでリフレッシュ、近所の銭湯でゆったりしたり、逆に新しい出会いに刺激を受けるのもいいですね。いつか行ってみたかったハワイ旅行に思い切って行ってみるのもよいでしょう！

ワークへの効果：人生への高い満足感が得られ、心がフル充電した状態で教壇に立つことができます。外で刺激を受けて、アイデアがわくようになります。視野が広がり、学校と社会をつなげる指導ができるようになります。

C 頭を満たす時間

　教師サークルや休日の勉強会、教育書を読むなど、自分の貴重な時間とお金を使う学びの時間です。勤務時間に誰かから用意された研修ではなく、今のあなたに必要なことを自らつかみにいく時間です。自分を磨く自己投資です。教育のプロとしての資質が高まる豊かさを感じてみましょう。

ワークへの効果：教師としてのスキルアップに直接つながります。直接的な指導スキルだけではなく、教師人生に長く役立つような考え方ややり方を知ることができます。職場以外で相談できる人が見つかります。

D それ以外の生活時間

　育児や介護、炊事家事・日常の買い物・自分の通院・手続きなどの日々の生活時間です。つい後回しにしたり雑に済ませてしまったりしがちですが、「もうちょっと丁寧に過ごしたいな」という自分の気持ちを大切にしてあげましょう。

ワークへの効果：この時間を丁寧に過ごすことで気持ちが整います。

教室に与える
すごい効果とは？

　ワーク・ライフバランスを整えた教師の仕事はどのようなものになるのでしょうか？

▌ 教室が幸せな場所になる

　先生自身からにじみ出る幸せオーラ。そのいきいきとしたものが教室で醸し出され自然と教室全体が幸せな雰囲気になります。

▌ 広い視野が持てる

　今は変化の時代です。教師という職業は、未来を生きていく子どもを育てるのが仕事ですから、社会の動きをキャッチして教室に反映させたり自分自身の中に多様性を持っていたりすることが必要とされます。

　先生自身が外の世界を見て体験し、子どもたちを社会とつなぐことが、これまで以上に重要になってきます。ここで伝えたいのはテクノロジーの変化のことだけではありません。教育観・人生観を揺るがすような出会いや経験が必要なのです。

例：
- 突き抜けた生き方をしている人の話
- 「教師」という肩書を外したときに初めて聞ける保護者の本音

- 他校種や異業種、全国で活躍するスーパーティーチャーとの交流
- 一条校以外の先生や子どもたちの考え方
- 海外の子どもたちや学校の姿

　このような出会いや経験です。宇宙に行って帰ってきたような経験をしてみませんか。

　私は一度目の教師時代、「不登校＝不幸」と思っていました。地域の学校に行けないことは不幸なことであると。しかしそれはまったくの間違いであることに気づきました。

　私が気づくことができたのは、ライフの中でのたくさんの出会いのおかげです。中でも大きかったのは、オルタナティブ教育に触れたことです。本当に、それまでの価値観が崩壊しました。

　ホームスクーリングやフリースクールを積極的に選んでいる子にも出会いました。そこで知ることができたのは、子どもは十人十色だということです。こんな当たり前のことも、自分の狭い世界にいたときには気づけなかったのです。

　どんなにいい先生やいい友だちがいても、そもそも学校が合わない子もいるのだ。このことが腑に落ちたとき、「今担任として受け持っている子の中にも違和感を持ちながら来ている子がいるかもしれない」と思いました。そして、そのほうが自然なことなのだと思いました。

　心からそう思えるようになったことで、その後担任をした不登校の子の保護者とよい関係を築くことができました。学年末にはその保護者の方から「伴走してくれた」と言っていただくことができ、今でも連絡を取り合う仲になっています。

▌ アイデアがわき続ける

　学校外での経験や人とのつながりからアイデアのもとが蓄積され、授業のネタ、日常の指導、校務分掌、職員室の人間関係、すべてにそれらが生きてきます。アイデアの泉がわき続けるのです。

あなたの変化が 勤務校へよい影響を与える

あなたの働き方が変化し、周りにも波及すると学校にはたくさんのよい影響があります。

1）やめたり休んだりする先生が減る

元気で働き続けられる先生が多いということは、それだけで子どもにとってプラスです。先生が病欠などで入れ替われば、子どもには少なからずショックを与えます。ましてや、講師不足の昨今、代わりの先生がすぐに見つかるとも限りません。事実、授業に穴が開いて数日間教科の授業が止まる、担任が不在という事態が起こっています。

働き続けられなくなる先生の予備軍の例：

- 熱血で働きすぎであることを自覚していない人（仕事どっぷり先生）
- 退職・休職寸前のしんどさを隠している人（からから先生）
- 出産育児予備軍で働き方に漠然とした不安を感じている人

2）元気な先生が増える

ワーク・ライフバランスで心も体も元気になると、先生たちは子どもの前で高いパフォーマンスを発揮できるようになります。

健康を考え教師同士がお互いを大切にする働き方に変えた学校では、先生たちに笑顔が増え、学校に出入りしている業者やボランティアの人たちが、「学校全体に活気がありますね」と言うようになりました。

3）残業ありきの風土が変わる

　時間がもっとあればもっといい仕事ができるのに、と思っている先生は大勢いますが、決められた時間の中で成果を出している先生がいることも確かです。あなたが成果を出して定時で颯爽と帰る姿を示すことができたら、職員室の残業ありきの風土が変わるきっかけになります。

4）職員室の居心地がよくなる

　「残っている＝仕事をしている」という価値観のもと、時間に制約のない人だけが活躍できる職場環境はよいと言えるでしょうか。残業できる人にはより多くの仕事が回ってきて、さらに帰れなくなって、大きな負荷がかかります。一方、残業できない人は、疎外感や罪悪感を抱いたり、やりがいを感じられなくなったりしてしまう傾向もあります。あなたがワーク・ライフバランスを向上させることは、誰しもがやりがいを感じ、対等な関係の職員室をつくることにつながるのです。

5）新しい教育創造が始まる

　学校以外の世界とつながる先生が増えたら、授業でもその先にある社会を意識したり、社会の変化を素早く授業に取り入れたりする先生が増えるでしょう。それはほかの先生にも伝わり、これまでの当たり前を見直し、これからの未来を見据えた新しい教育創造の機運が高まります。

6）子育て世代教師の希望になる

　子育てと仕事の両立を実践し楽しんでいる先生がいたら、後輩が希望を感じます。幸せなワーク・ライフバランスをあなたが実践することは、学校に新しい風を吹き込み次に続く世代を育てることになるのです。

あなたのワーク・ライフ バランス度をチェック！

▌先生のワーク・ライフバランス チェックリスト

☐丸つけやミスの対応に時間を取られることはめったにない

☐平日夜に自宅で就寝準備以外の時間がある

☐自分の健康を保てる睡眠時間を確保できている

☐教室も職員室も居心地がいい

☐持ち帰り仕事を含んでも通常は起きてから13時間以内に仕事を終えている

☐朝から自分で退勤時刻を決めている

☐休日は仕事以外のやりたいことをする時間と体力がある

☐今の働き方が定年まで続いても大丈夫だ

☐家族や自分のことや健康管理は後回しにせず大切にしている

☐家と学校以外にも居場所（サードプレイス）がある

9〜10　好循環の【幸せ先生】

3〜8　今のうちから備えたい【仕事どっぷり先生】

　　　　このままでは心配【おつかれ先生】

0〜2　危険信号【からから先生】

好循環の【幸せ先生】の特徴

・ワーク：毎日楽しい。理想の時間に退勤。

- ライフ：学校と家以外に日常的に関わる自分の居場所（習い事やサークル、ボランティア）がある。ライフの経験をワークに生かしている。

今のうちから備えたい 【仕事どっぷり先生】の特徴

- ワーク：「子どものため」に私生活を投げ出しがち。趣味は仕事。
- ライフ：時間ができたらやろうと思っていることが多い。

このままでは心配【おつかれ先生】の特徴

- ワーク：目の前のことに追われている。帰りたい時間に帰れない。
- ライフ：帰ったら寝るだけ。

危険信号【からから先生】の特徴

- ワーク：トラブルやミス対応に追われる。授業準備ができない。
- ライフ：休日出勤が多い。ないときは家でぐったり。

　からから先生がもっとも危険です。からから先生はそのしんどさを隠していることが多く、誰にも言えないまま、周りが気づかないうちに退職を決心していたり、体や心を壊す寸前だったりします。

▎ まずはあなたのワーク・ライフバランスから

　全教職員が豊かなライフでの経験をワークに持ち寄ることができれば、お互いにアイデアの化学反応を起こすことができます。また、学校全体がゆとりを持って子どもを見守り、新しい教育にチェンジできる状態に近づくことができます。もし管理職が率先して音頭をとる学校ならワーク・ライフバランスの実現が早いでしょう。

　しかし、あなたがどのような立場であれ、あなた自身がワーク・ライフバランスを実現することは、職場全体がワーク・ライフバランスを意識するきっかけになり学校によい影響を与えます。

　あなたがワーク・ライフバランスを実現すれば、後に続く人も出てきます。それが学校全体への貢献にもなるのです。どうぞ胸を張って、職場で誰よりも先にワーク・ライフバランスを実現させましょう！

子どもも自分も輝くために
必要な3つのこと

▋ いい仕事をするために

　「もっといい授業をしたい、もっと子どもたちを輝かせたい」——先生なら誰しもが願うことでしょう。「働き方の見直し」と「教育の質を上げること」はイコールです。そのためには、無駄や業務の削減だけでなく、限られた勤務時間の仕事の質を上げることが欠かせません。次の3点がその土台となります。

①先生の心と体の元気

　あなたが元気ではつらつとして集中力の高い状態で働けることは、すべての基本です。集中できたときと注意力散漫なときでは同じ仕事にかかる時間が大きく違います。心と体が元気でベストコンディションのときとそうでないときでは、教室でのパフォーマンスに差が出ます。

　心と体の健康には、十分な睡眠・健康的な食事で体を整えること、そしてリラックスやリフレッシュで心を満たすことが大切です。つまりライフの時間を確保することが外せません。仕事の質を上げようとすると、結果的にどうしても働き方を見直すことになります。

　心も体も満たされて「大人って楽しいよ！」と先生が笑顔で希望を与えられることは何よりの教育だと思います。

②子どもをよく見ること

　子どもは千差万別ですから、その子に合う指導法や声がけも千差万別です。ポイントを押さえてしっかり観察をして、さまざまな引き出しの中から適切な指導ができることが、先生の専門性であると言えるでしょう。

　その適切な指導が効果的であるためには、一人ひとりにベストなタイミングで働きかけることが大切です。それには、先生がしっかり観察してベストなタイミングを計るゆとりが必要です。時期が早すぎて可能性をつぶしてしまったり、気が付かずに機を逸したりしてしまえば取り返しがつきません。適切な指導であり、かつベストなタイミングである必要があるのです。

　ある先生が「ボーッと子どもを眺める時間がほしい」とおっしゃっていました。ゆったりと子どもを眺める時間が、今の学校教育の中では圧倒的に足りないと感じます。

③先生が外とつながること

　自分１人の発想力には限界がありますが、広い世界に触れるとたくさんの刺激があり、アイデアの素はたくさん転がっています。

　先生の大きな仕事の１つは子どもを社会とつなげることです。それは、職業体験のような直接的なことばかりでなくてもよいのです。まずは先生自身が、学校以外の人脈があり日常的に刺激を受けていること。そうして得たインスピレーションが教師の仕事をもっといいものにします。

学校と社会をつなぐ例：
- 校外の講演で聞いてきた話を教室でするだけでも子どもの目は輝く
- 学校以外で出会った人との対話で学校を客観的に見ることができる
- 異業種の人との関わりで視野を広げ、授業にも反映させる

大事な仕事を見抜き、絞りこむ

仕事が多すぎるだけが原因ではない

　定時までの時間をコップ、仕事を石だとして考えてみましょう。次の図は定時までの時間よりも仕事がはみ出て残業になっている状態です。

　このような場合、石と石の隙間があるので砕いて細かくして隙間に入れれば定時内にこなせる仕事が増えます（これがいわゆるタイムマネジメント術です）。

　自分1人でする仕事とほかの人とする仕事がありますが、自分1人でする仕事は自分の裁量で細分化ができます。「重要な仕事だからまとまった時間をつくって…」と考えると残業しなければできなくなってしまうので、区切りが悪くても、5分間でもフル活用して少しでも進めることです。

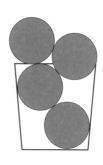

このように、仕事がはみ出るのは、第一に量が多すぎるからだと思うことが多いのですが、実はそれだけが原因ではありません。

　ほかにも、

・不純物（しなくていい仕事）が入っている（A）

・一つひとつの仕事にかける時間が長すぎる（B）

・無駄に過ごす時間（すき間）がある（C）

といった場合があり、次の図のようになります。

　Cの場合には自覚しやすいのですが、AとBの場合には自分では気が付かないことがよくあります。本当はしなくてもいいのにどの仕事も大切だと思っていたり、もっと早くできる方法を知らなかったりするからです。

　こういう場合は、大切なことを見極めることや、スキルアップすることが解決策となります。

　仕事が終わらないのは量の問題だというのは、思いこみかもしれません。残業しなければならなくなってしまう原因には、実はこんなにいろいろなパターンがあります。

Column 1

ワーク・ライフバランス
「相乗効果」の例

▊ 教育お茶会がくれたたくさんのヒント

　私は二度目の教師時代から、ライフの時間を使って「教育お茶会」という会を主催していました。教師時代は月に1回、現在は不定期で続けており通算50回ほどになります。

　平日の夜や休日に「教育」というキーワードに関心のある多様な方々がやってきます。FacebookやSENSEIポータルで告知をしていて、「教育で検索してたまたま見つけ、おもしろそうだから来てみました」という方もたくさん来てくれました。

　学校と家の往復では絶対に出会えない人たちとの出会いは、私の視野を広げ、ここでの人脈は教師生活を豊かにしてくれました。

　子どもを100%信頼するという理念を持つサドベリースクールのスタッフが、教育お茶会に参加してくださいました。その方のお話を通して、「子どもを100%信じるとはどういうことか」「自由とは何か」ということを突き詰めているサドベリースクールの運営を知り、目からうろこが落ちました。スタッフの継続採用をどうするのかということまで、子どもも大人も一緒に話し合うフリースクールだったのです。

　公立学校はここまで自由ではありませんが、どちらがいい悪いではなく、どちらにもよさがある、ということにも気づきました。

　子どもが100人いたら100通りですので、公立学校が合う子がいれば

合わない子もいる。それが当然であり、合わなければ合う学校に行ったらいい。サドベリーのような学校から公立学校、そして、その間にもさまざまな自由度や特色の学校があります。「ここがいい」「ここなら必ず幸せになれる」とは限らないのです。

　大切なのは、子ども自身が自分を知り、自分で決められるようにサポートする、ということだと思います。

▎外の世界を知ると前例にとらわれなくなる

　こうして外の世界を持つことで、ラジオDJ、税理士、会社経営者、私立学校教師、大学関係者、セラピスト、学生など、さまざまな方々に出会うことができました。私自身の人生は彩り豊かになり、教師の仕事にも幅が出ました。

　お茶会は、教師と保護者という肩書を外して、子育て中の方々の話を聞く機会にもなりました。学校の先生がいろいろと忙しそうなので応援したいという人が案外多いと知り勇気をもらいました。ホームスクーリングやフリースクールを積極的に選んでいる親子からは、公立学校がとても不思議な世界に見えているということも聞けました。

　自分のいる世界の中だけで考えていては視野が狭くなります。外の世界を知ると狭い思考の枠が外れて前例にとらわれずに考えられるようになります。何より、刺激を受け視野が広がることは純粋に楽しいことだと思います。

- 普段話さない人と話す機会をつくってみましょう。インターネットで興味のある言葉を検索するとさまざまな集まりや催しが各地で開催されています。気軽にまずは一歩踏み出してみてください
- 話すのが苦手なら、講演会などへの参加もおすすめです
- オンライン講演会や講座なら、子育て中で忙しくても自宅でノーメイクでお茶を片手に子どもを抱っこしながら参加できるものもあります

第2章

あなたの人生を変える！
「ワーク・ライフバランス」ワーク

Step 1 　まず、あなたの軸を決めるワークをやってみよう！

■「軸」とは「大切なこと」

　軸とは、「あなたにとって大切なこと」です。教育観・人生観のど真ん中、木の幹のようなものです。そこに栄養を注ぎ、どっしりとした人生の木を育てましょう。

■「軸」を決めると

　自分の軸がくっきりするほど、どこに時間とエネルギーをかけるべきかがわかってきて、有意義な時間を過ごせるようになります。要・不要の判断ができるようになるのです。

　自分の軸が何なのかわからないと、周りの人の声に振り回されてしまうでしょう。重要なのか、そうでないのかがわからず、「いいらしい」ことをすべてしなくてはならないようになってしまいます。「いいらしいから」「みんなしているから」「普通はするから」とあいまいな基準で人生の貴重な時間を減らしてしまうのはもったいないと思います。

　学校には「いい（らしい）」ことがあふれています。どれも教育活動であり、どれも確かに「いい（らしい）」ものだと思います。

　一方で、抱えすぎて質を落としているのが今の日本の学校の現状です。最優先にしたいことを本当に最優先できているかというと、でき

ていない学校や先生は多いでしょう。これは学校や先生が悪いのではなく、「いい（らしい）」が本当に必要なのかを判断する基準がないことに問題があります。

　本来は学校目標を軸として、「する・しない」を決められるはずですが、学校目標が抽象的な場合、本当にするべきこと、大切なことの判断ができないのです。

　あるいは学校目標に立ち返らずに、前年どおりに、あるいは無難にやろうとして何も捨てることができず、することが増える一方になっていることもあります。

　個人の先生にヒアリングしてどんどん掘り下げていくと、先生一人ひとりの「軸」となる大事になるものが残ります。それこそが、先生自身の持ち味であり、働き方を見直す基準になります。

　ある先生の「軸」は「一人ひとりを尊重する」でした。それが先生の指導の基準になるし、子どもたちに伝えたいメッセージです。

　「軸」が決まると「ほめる・叱る」の基準もおのずと決まり、どっしりとした教育観を持って指導できるようになります。

　私の「軸」は「すでに存在が素晴らしい」であり、それを子どもたちに伝えることでした。

　どんな子にも必ず才能や強みがあります。それに気づかせたり伸ばしたりする指導には最大限力を注ぎました。「軸」が決まると、それを優先させればいいとわかるようになるので、力の注ぎ具合に緩急がつけられるようになります。

　必要なことに一直線に力をかけられるので、かけた力が集中して、育てたい力を育てることができるようになります。

【教師としての「軸」を見つけるワーク】

　あなたはどんな思いで子どもたちを導いていますか？　当然ながら子ども一人ひとりの成長を願っているでしょう。それをあなたの価値観とすり合わせてみましょう。

　あなたが子どもにもっとも伝えたいメッセージはなんでしょう？

ワークのヒント

- どんなときに子どもを思いっきりほめますか？
- どんなときに叱りますか？
- なぜ先生になったのですか？
- お手本にしている、あこがれている先生はどんな先生ですか？
- どんなときに「先生になってよかった」と感じますか？
- 仕事で感動するのはどんなときですか？
- やりがいを感じるのはどんなときですか？

ワークのヒント

　価値観のリストです。あなたがピンとくるものはなんでしょうか。気になるものをいくつか囲んでみましょう。

　とくに大切にしたいもの３つはどれですか？

冒険、変化、覚醒、援助、魅力、成長、承認、安定、刺激、拡大、増加、自覚、気づく、関連、快楽、統合、つながり、存在、情熱、一緒、ベスト、美、至福、築く、理解、探知、献身、見極め、奨励、エネルギー、優秀、高揚、専門、賭け、華々しさ、可能性、上品、偉大、神聖、本物、イマジネーション、影響、改善、インパクト、創造、鼓舞、発明、発見、学ぶ、愛、聡明、壮麗、独創、打ち勝つ、選択、計画、設計、ゲーム、喜び、楽しさ、優勢、卓越、最高、探求、輝き、洗練、統治、反応、感覚、感性、感情、自立、貢献、基準、精神、支援、獲得、熟達、熟練、未来、スリル、想像、触れる、共鳴、共感、正直、その他（　　　　　　　　）

①あなたがすてきだなと感じる子どもの姿はなんでしょう？

　書き出してみましょう。

例：自分も友だちも大切にする姿、笑顔を見せる姿、チャレンジする姿、自分を信じる姿、やさしい姿、真剣な姿、ありのままでいる姿、など

　　　　　　　　　　　　　　　姿

例えば……

　　　　　　　　　　　　　　　姿

例えば……

　　　　　　　　　　　　　　　姿

例えば……

②書き出したあなたの価値観について考えてみましょう。

- 今関わっている子どもたちが、現時点で想像できる最高の状態にまで成長したときでも伝え続けたいと言えますか？　どう伝えますか？
- 今年で教師を辞めるとして、修了式の日にこれらを伝えますか？どう伝えますか？

_____

_____

_____

_____

_____

③もっとも伝えたい上位1つを決めましょう。

　私のもっとも伝えたいことは、_____

_____

_____

_____

_____

_____

_____

_____

　これこそが、今のあなたの教師としての「軸」になります。

●このワークでこんなことが見えてくる！

　ここで出てきた上位の価値観は、あなたが教師として大切にしたいこと、つまりあなたの教育観の軸です。

　「友だちを大切にすること」が最高の価値だったのなら、「友だちを大切にする学級」を目指すときにあなたの情熱がもっとも高まりますし、アイデアもわいてきます。子どもに接するときにはまず「友だちを大切にしているか」という視点で見ることになります。ほめる基準・叱る基準も明確になります。「友だちを大切にしたらおおいにほめますし、友だちを大切にしなかったら叱ります」と宣言することもできます。

　どっしりとした教育観を持つことになるので自信を持った指導ができるようになるでしょう。

　ある先生は、周りに勧められることを何でも取り入れて、自分とは合わなくて違和感を持っていましたが、軸を決めたことで、自分の思う教育ができるようになり仕事が楽しくなったそうです。

　また別の先生は、軸について年度はじめの保護者懇談会で伝えたことで、家庭内でも同じことを意識し、子どもに働きかけてくれる保護者が何人も現れたそうです。

　あなたがもっとも情熱を感じることと学級づくりが一致したとき、充実感を持ちながら教師の仕事ができるようになるでしょう。

　ちなみに私は、二度目に教師になったときに、先ほどの「すでに存在が素晴らしい」を伝えるためには、「結果ではなく過程を認める」ことが大切だと気が付きました。子どもの行動の結果が成功でも失敗でも、結果やできばえに関わらず肯定的に見ることができるようになりました。保護者からも「結果以上にプロセスを見てくれている」と喜ばれました。

Step 2　仕事の
ワクワクを増やそう

　Step2、Step3で**ワークとライフ、それぞれにおいてワクワクすることを増やしましょう！ 幸せな時間を増やし、**教師としても１人の人間としても充実で満足の人生をかなえましょう。

▌ 教師としてのワクワクを増やそう！

　あなたが先生になる前、先生になったらどんなことをしたいと思っていましたか？　夢を持って教師を志したときのことを思い出してみてください。

考え方のヒント　仕事の中で体験したいことは？

　今の仕事の中で体験したいことは何かを具体的に考えてみましょう。
　例えば、「子どもたちと一緒にあなたの弾くギターに合わせて学級ソングを歌いたい」「子どもたちに学力をしっかりとつけ学ぶ喜びを体験させてあげたい」「担任を終えた後でも保護者と年賀状のやりとりをして子どもの成長をともに喜び会えるそんな信頼関係をつくりたい」、女性の先生なら「女子生徒・女子児童とガールズトークがしてみたい」など、どんなことでもかまいません。
　教師としてのキャリアを向上させたいという方もいるでしょう。
　例えば、「全学年と特別支援学級を受け持って全体を見られるよう

になりたい」「研究主任になって学校に新しい指導法の風を吹かせたい」「後輩教師をしっかり育てられる先輩になりたい」「管理職とタッグを組んで学校経営に参画しよう」などです。

　しかし、やりたいと思っていたことも、日々の忙しさの中で後回しになり、気が付くと数年が経ち、あきらめてしまったり、すっかり忘れてしまったりということもあると思います。

　やりたかったことを思い出して時間をつくり１つずつ実現させて、ワクワクしながら過ごしましょう！

ワークのヒント

　次ページから「教師として体験したいこと」を想像するワークをしてみましょう。体験しているときの周りの人の様子や声も想像して、さらにワクワクする気持ちとイメージをふくらませましょう！　これまでにワクワクしたことも、これからワクワクしたいことも、どちらも考えてみてください。

　周りの人の声では、例えば、
保護者：「先生のクラスでよかった！」
子ども：「先生みたいな大人になりたい」
　　　　「楽しい」
　　　　「こんなことをしてみたかった」
同　僚：「○○さんはわかってくれる」
　　　　「あなたがいると職員室が明るい」
　　　　「コツを教えて」
　　　　「英語といえば○○さん！」
管理職：「○○さんなら安心だ」
　　　　「任せたよ」
　　　　「おかげで学校が変わった」

【教師としてワクワクすることを増やすワーク】
今のあなたのやりたいことを書いてみましょう。

教室で…　　子どもたちと…

_____

_____

_____

_____

_____

職員室で…　　同僚と…　　管理職と…

_____

_____

_____

_____

_____

保護者と…

_____

_____

_____

_____

_____

その他

Step 3　ライフの ワクワクを増やそう!

　ライフの過ごし方は1人の人としての人生の満足度を高める上に、ワークによい影響を与えます。あなたはどんなライフを過ごしたいでしょうか。人生の主役はあなたです。人生の貴重な時間をどう使うかは、あなた自身がデザインしていいのです。ライフも思いっきり楽しみましょう。

　ライフの4要素 (体・心・頭・それ以外の生活。18〜19ページ参照)は満たされていますか?

考え方のヒント①

　日常の中にワクワクすることをちりばめましょう。
　平日の短い時間でも自分を満たすことはできます。

　仮に15分間使えるならこんなことはいかがでしょうか。
- 大学時代の友人に「お久しぶりメール」を打ってみる。近況報告が始まり、楽しいことにつながるかもしれません
- 帰り道に書店に寄ってみる。タイトルを眺めているだけでも何かアイデアがわくかもしれません
- 買ったきりで読んでいなかった本を開いてみる。ぱっと開いたページに現状打破のヒントがあるかもしれません

- いつも通らない道を歩いて帰る。リフレッシュできるかもしれません
- YouTubeでヨガの動画を見ながら体を動かす。すっきりするかもしれません
- いつもよりゆっくりお風呂に入る。心からリラックスするかもしれません
- 気になっていた靴箱の整理をしてみる。気持ちも整うかもしれません

平日でもリフレッシュできると普段の授業によい影響があります。
常葉大学・紅林伸幸教授は、「平日に『リフレッシュできている』と感じている教師は『リフレッシュできていない』と感じている教師よりも『教育上のアイデアが次々に浮かぶ』と答える割合が11％高い」と述べています。休日はその差が4％ですので、平日のリフレッシュのほうが実は重要だといえます。

考え方のヒント②

　年月がかかることも、まとまった時間がいることも、やってみたいことは思い切って書いてみましょう！
　いつか、そのうち…と漠然と思っていたことはありませんか。

- 魂が喜ぶことをしていますか？
- 「おもしろい人生だった」と死ぬ間際に言えますか？
- 最近、仕事以外の何かに没頭しましたか？
- ゆったりと自分を深く見つめたりする時間を確保していますか？

【ライフの４要素それぞれを心地よく ワクワクするものにするワーク】

準備も含めてどれくらい時間がいるのかも、同時に考えてみましょう。

A　体を満たす時間

体の声に耳を傾けてみてください。

体を満たすためにあなたに欠けているものはなんでしょう？

ヒント・睡眠時間はどのくらいあったら理想的？

・質の高い眠りのためには？

・食事は誰と何を食べたい？

例：・枕をいいものに変える

・コンビニデザートをフルーツにする

・あと１時間早く寝る

_____

_____

_____

B　心を満たす時間

心からリラックス／リフレッシュできる自由な時間。

人生の高い満足感を得てください。

ヒント・誰と、または１人で、どんな時間を過ごしたい？

・気軽なことから思い切ったことまで、どこで何をしたい？

例：・仲間とたくさん笑う！

・アロマを焚いて漫画を読む

・新車に乗って自然たっぷりの場所へ家族とドライブ

_____

_____

_____

C　頭を満たす時間

　自分の時間とお金をわざわざ使う学びの時間・インプットの時間。

ヒント・今のあなたが学ぶべきことは？

　　　　・あなたが教師としてもっと輝くために必要なことは？

例：・新しい教育実践をオンラインで学ぶ

　　・新学期に向けての本を読む

　　・ニュースを見る

_____

_____

_____

_____

D　それ以外の生活時間

　丁寧に過ごすことでライフと気持ちが整う時間。

　育児、介護、炊事などの家事、日常の買い物、自分の通院など。

ヒント・気になっているのについ後回しにし、そのままにしている
　　　　　ことは？

例：・保険の手続き

　　・模様替えで過ごしやすい部屋にする

　　・家電の買い替え

_____

_____

_____

_____

●ワークの解説

ワークについてもライフについても挙げたものの中で、予定にできるものは手帳に書いてみましょう。「いつかする」を「いつまでにする」と楽しみな予定を増やせば、「それまで楽しみに待つ時間」も増えます。

あなたが教師としてやりたかったことも、プライベートでしたかったことも、いつかやりたい夢ではなく計画にしていきましょう。

ここまでにライフとワークのワクワクを考えましたが、さらにワクワクを増やすために「あこがれ」パワーを使いましょう。

┃ あこがれのモデルを見つけよう

ロールモデルとなる人を見つけるのは大切です。**あんなふうになりたい、あんな生き方素敵だな、というあこがれはあなたを理想のあなたに近づけてくれます。**あこがれは、理想を"夢物語"ではなく"実現可能な見本"にしてくれるでしょう。

- 子育ても仕事も充実している先輩先生
- 職員室でいつも幸せそうな若手の先生
- 学校中の信頼を集めるベテラン先生
- 外部のセミナーでよく学ぶ学生時代からの友人
- いつもおしゃれで夫婦仲のよいママ友

その行動の根底に流れるその人の思いを聞く機会があれば、ぜひ聞いてみましょう！　ますますその人のことが好きになったり身近に感じたりできれば、自分の中にインストールしやすくなります。

私の場合は、小室淑恵さんがあこがれでした。小室さんがパートナーと家事を分担していることを知り、モデルとしたからこそ私たち夫婦も家事分担を実現することができました。

話したことがなくてもいい

　話したことがなくても会ったことがなくてもまったく構いません。本の著者、芸能人、ドラマの登場人物、セミナー講師など「素敵だな」と思う人はいませんか？

一部分へのあこがれでもいい

　あまり知らないのであこがれとまで言えないけど、その人の一部分について惹かれるということもあると思います。「あの笑顔が素敵だな」「気にかけてくれてやさしい人だな」「あの人の会議は必ず時間前に終わってすごいな」とか、一部だけでも取り入れたい部分があれば意識してみましょう。

自分の中にインストールするには

　会える人ならぜひ話を聞いて真似できることを実際にしてみてください。会えない場合も次のようなことをしてみましょう。

・「あの人ならどんな過ごし方をするかな」と想像する
・その人と脳内会議をして助言をもらう

【自分の思い描くあこがれのモデルを書くワーク】

Step 4　時間予算を考えてみよう

■ ライフでやりたいことをかなえよう

　毎日にワクワクをちりばめて充実して過ごせるように、日々の時間の使い方を考えてみましょう。「時間の使い方を考える」ときには、「時間予算の感覚を持つ」ことが大切です。

■ 時間予算＝どれくらいの時間が使えるのか

　「時間予算」という考え方をご紹介します。予算というとお金のことのようですが、「時は金なり」とはうまく言ったもので、時間をまさにお金のように考えることができます。

　お金を使うときには財布や貯金残高と相談するのに、時間の使い道については無頓着な人が多いと思いませんか？

　お金に関しては予算管理している人も、時間に関しては管理せずに「無制限に使う」「後先考えずに使う」「目の前のちょっとよさそうなことに使う」人が多いのです。本当に使いたことに使うための時間をなくしてしまうのは時間の無駄遣いです。

　やりたいことやしなければならないことがあるのに、割り込んできたことや優先度の低いことにばかり時間を費やしてしまい、本当にやりたいことに手を着けられないままになってしまいます。

　時間が無限にあるならどれもとことん時間をかければいいのですが、

「時間は有限」です。限りがあることを意識して時間予算内でやりくりをすることを心がけましょう。

時間予算の感覚がある人は、こんな人

　会議を例に考えてみましょう。会議のために確保している時間は30分間で参加者は10名だとすると、単純計算でも1人3分までが持ち時間です。それ以上話すと誰かの発言時間を奪っているということに気が付ける人は「時間予算の感覚がある」と言えます。

　また、もし会議開始が5分遅れたら、5分×参加人数分で仮に10名の参加者だとすると50分の時間を失っていることに気が付ける人も時間予算の感覚があります。これに気づく人が増えると、会議の開始時刻に着席する人が増えます。

　日々のことについて時間予算の感覚を持つようにしましょう。
　時間予算の考え方で24時間を見直すと次のようになります。

24時間の時間配分を計算する

　24時間をやりくりして予算配分するとはどういうことでしょうか。例えば睡眠時間を起点に考えるとこうなります。

　「子どもの前でよいパフォーマンスを発揮するには○時間睡眠が必要だから夜○時に寝たい。だから○時に食事や入浴したい。ほかにもこんなことをやりたい。だから遅くとも○時には退勤したい」というようなロジックです。

　そしてもちろん最終的には、定時内に余裕をもって勤務時間の1日7時間45分で成果を出すことを目標にしましょう。

▌ 締め切りを決める

　提出物や仕事には締め切りがあります。時間をやりくりするときにも、同じように締め切りを決めましょう。

　「締め切りを決める」とは、「〜まで」と終わりの時刻を決めることです。「今日の勤務は何時まで」「この仕事は何時まで」「この会議は何時まで」という具合です。締め切りを決めると、決めた締め切りを守るために頭が自然と動き出します。

▌ 帰る時刻を決める

まずは今日の仕事の締め切りである「帰る時刻」を決めましょう。

　私が東京で教員をしていたころ互助会のスポーツ大会があり、2週間に1回ほど定時前に近隣の他校に試合に行くという期間が続きました。スポーツの後はお酒の席があり、その日は持ち帰り仕事はできませんでした。当時の私が不思議に思っていたのは、「もうちょっとしたい仕事をいくつか学校に残してきたけど、それでもいつも翌日に困ることはない」ということでした。

　これは大阪にて仕事復帰した際にも感じました。このときは、9か月の子どもを育てながらの教師生活でしたので、毎日ほぼ定時が締め切りで学校を出る毎日。仕事が回らないと半泣きになったこともありますが、それでも同じ不思議さを感じていました。

　もうちょっとやりたい、と思いながら帰っても翌日に仕事の質が落ちることがないのはなぜか？

　働き方を専門にしている今は、このことは不思議なことではなく、説明のつく現象だということがわかりました。

明日でいいことは明日にする

帰りが早い先生たちを観察すると共通点がいくつかあります。その1つは「明日でいいことは明日する」です。

学校コンサルティングで継続支援をする中で気づいたのは、時間を意識する先生が増えると、職員室では「明日でいいことは明日にしよう」と声をかけ合う姿が見られるようになることです。つまり、それでも困ることはないということは、「いくつか残してきた仕事」は今日やる必要がなかったものだった可能性があります。

２：８の法則でも説明できる

２：８の法則とは、「かけた時間の2割により成果のうちの8割を出している」という法則のことです。

この法則によれば、2割の時間で8割の仕事は片付くということになります。成果の残りの2割は自己満足に近い部分であり、仕事の質を左右するものではないのです。だから、これまでかけていた時間の2割まで減らしても、8割はできているので翌日はなんとかなるのです。

力をかけるべき仕事を知る

２：８の法則はもう1つあります。それは、「仕事の成果の8割はやっている仕事のうちの2割で出している」というものです。一見、どれも大事そうな仕事の中から8割の成果に結びつく2割の仕事はどれなのか、仕事のツボを押さえそこに時間を割きます。そのためには、日ごろから仕事を見る目を養うことが必要です。締め切りを意識することで仕事を見る目が養われ、厳しく見極めができるようになります。

【時間予算で考えるワーク①】

時間予算を決め、平日の時間の使い方を考えましょう。

手 順

1から4の必要な時間を決めます。

1 必要な睡眠時間……………………………… 　　　時間　　　分

2 夕食と準備・片付けに必要な時間……… 　　　時間　　　分

3 お風呂や就寝準備に必要な時間………… 　　　時間　　　分

4 朝の身支度に必要な時間………………… 　　　時間　　　分

5 その他のやりたいこと・やらなくてはいけないことを洗い出し、
　準備を含めてそれぞれにどれくらいの時間をかけたいか決める。

（　　　　　　　　　　　　　　　　　　　　　　　　　　　　　）

（　　　　　　　　　　　　　　　　　　　　　　　　　　　　　）

（　　　　　　　　　　　　　　　　　　　　　　　　　　　　　）

6 締め切りを決める。

　　朝 ＿＿＿＿：＿＿＿＿ までに自宅出発

　　朝 ＿＿＿＿：＿＿＿＿ までに起きる

　　夜 ＿＿＿＿：＿＿＿＿ までに寝る

　　夕方＿＿＿＿：＿＿＿＿ までに帰る

　　夕方＿＿＿＿：＿＿＿＿ までに学校を出る（定時を目標に！）

チェックポイント

□やりたいことができるか

□翌日元気でいられる睡眠時間が取れるか

□過ごし方にワクワクするか

【時間予算で考えるワーク②】

理想の１週間のライフの過ごし方を考えましょう。

	月	火	水	木	金	土	日
起床（ ： ） 出発（ ： ）	朝	朝	朝	朝	朝		
帰宅（ ： ） 就寝（ ： ）	夜	夜	夜	夜	夜		

　ワーク①で決めた時刻と、月〜金は朝と夜に、土・日は自由に、したいことを書きましょう。

　「来月の第１週目」のように、具体的に期間を決めて考えてもいいでしょう。

チェックポイント

□平日にリフレッシュできているか

□１週間の中でライフの４要素は満たされているか

□過ごし方にワクワクするか

記入例：

	月	火	水	木	金	土	日
起床（6：40） 出発（7：40）	朝 １週間を見通す ←おいしいパン→	朝 ←	朝 ストレッチ	朝 　　　　　→	朝	片付け	パン屋めぐり
帰宅（18：00） 就寝（23：00）	夜 アロマのおフロ	夜 教員サークル（30分）	夜 本屋に立ち寄る（15分）	夜 早めに寝る（1時間）	夜 ビールでリラックス（のんびり）	ショッピング	←　読書　→

Step 5　時間の使い方を観察して、効果を検証しよう

　「時間」対「効果」を考えること。かけた時間に対して見合った効果が出ているかどうか、という視点を持つことが大切です。

▌「時間」対「効果」のマトリックス

　時間対効果を見積もってから取りかかると、貴重な時間を無駄にしないで済みます。

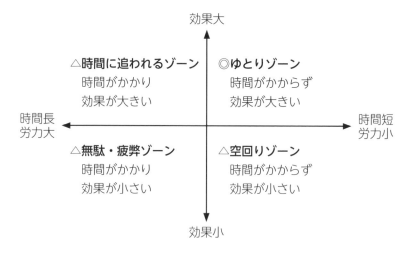

効果大

△**時間に追われるゾーン**
時間がかかり
効果が大きい

◎**ゆとりゾーン**
時間がかからず
効果が大きい

時間長
労力大

時間短
労力小

△**無駄・疲弊ゾーン**
時間がかかり
効果が小さい

△**空回りゾーン**
時間がかからず
効果が小さい

効果小

時間・労力（横軸）が長い・短い、大きい・小さい
効果（縦軸）が大きい・小さい

例：目的「かけ算の力をつける」

△**時間に追われるゾーン**
全員個別指導
（個別指導は必要なときが
ありますが、全員を対象とする
必要はありません）

◎**ゆとりゾーン**
ミニ先生
（取り組みやすい上に学習効果は
高いです。教師は全体を見ること
ができるという利点もあります）

△**無駄・疲弊ゾーン**
手作り問題集
（すでに教科書類があります。
教科書を超えるクオリティを
出すのは難しい）

△**空回りゾーン**
学習するように呼びかける
（呼びかけるだけで
かけ算の力がつく子たち
ばかりではありません）

▍「効果が大きくて時間がかかるもの」に要注意

　時間に追われるゾーンには「あったらいいな」「できたら理想的だな」とつい思ってしまう響きのよさがあります。よく挙がるのは「個別○○」「全員○○」です。

　「手をかけるほど、時間をかけるほど立派」という美徳にとらわれていると、ほかの方法を考えられなくなってしまうので気を付けましょう。

▍廃止や一工夫

　そもそもしなくてもいいことかもしれない…という視点を持つと、かかる時間をゼロにできる可能性があります。

　時間対効果のマトリックスで時間に追われるゾーンと空回りゾーンにあるものについては、ひと工夫を加えることでゆとりゾーンに移動できることがよくあります。

時間が長くかかり、効果が小さいもの

すでにドリルがあるのに、なぜか市内で統一の問題集を手作りするよう決められたことがありました。このような、「これって意味があるのかな」「なんのためにやっているんだろう」「形式的だな」と思うものには学校や教育委員会や国で決めたものもあり、自分1人の判断でやめることはできないこともあります。そういう場合は個人の工夫の範疇を超えるのでアプローチが違ってきます。

例：目的「教員の長時間労働の解消」

```
        △時間に追われるゾーン              ◎ゆとりゾーン
          マニュアル作り                  会議や打ち合わせの
                                        ルールや役割を決める
   ◄─────────────────────────┼─────────────────────────►
        △無駄・疲弊ゾーン                 △空回りゾーン
      勤務時間の手書き記録・             忘れられた定時退勤日
    手入力記録（数日分をまとめて
        書く人が多く不正確）
```

マニュアル

マニュアルがあると、詳しくなくても誰でも作業ができるようになったり、改めて考えなくても済むようになったりして時間を生み出します。ただ、マニュアルを作るのはたいてい大きな時間がかかりますので、作成にかかる時間と作成後に得られる時短効果を念入りに天秤にかけてみる必要があります。作るのに1時間かかるけど、その後に10時間の時短ができるなら作ったほうがいいでしょう。

マニュアル作りを少しでもゆとりゾーンに移すには、箇条書きだけ、写真にポイントを記入するだけなど、できるだけ簡素化することです。

マニュアルを動画にした学校もありました。また、内容が不十分でもOKとすることです。はじめから完璧なマニュアルを作ろうとせずに、使いながら作り足していくといいでしょう。

　では何についてマニュアルを作るのが効果的でしょうか。おすすめは「たまに発生する事務作業」のマニュアルです。例えば、「転出・転入手続きについて」など、たまにしか発生しないことは、「さて、何をすればいいんだっけ？」という状態になりがちです。実際に転出入があったときに作業をしながら一度作っておくと二度目からはスムーズです。

ワンポイントアドバイス：時間短縮効果の高い会議の効率化のヒント

　会議は簡単な工夫でかなり効率化できます。

● **時間管理係を決める**

　終了時間を意識して会議開始前や会議途中に声をかける役割です。時間意識を高めることにつながります。

● **見える化係**

　ホワイトボードなどに議論を見えるようにする役割。書記の手元でしか記録していないと、後から実は結論が書いていなかったり、会議中に議論についていけない人が出たりしますが、全員が今議論がどうなっているのかを確認しながら話せるので効率的です。

　あなたが個人的にすぐできる工夫というと、「うなずく」ことがあります。これは意外にも会議時間を短縮することができます。発言者は誰もうなずいていないと不安になり同じ話を繰り返してしまうことがありますが、うなずいてくれる人が1人いるだけでも「伝わっているようだ」と安心できるので繰り返しを防ぐことができます。

　あなたが会議の主催者なら参加者、人数、頻度、資料のボリューム、かけた時間、議題などに工夫できる余地がないかを考えてみることです。参加者・長さ・資料をそれぞれ半分にする「会議1/8」という取り組みなど、調べると参考になる事例やアイデアがたくさんあります。

　ある学校では「後から文句を言わない」「1回の発言時間は1分以内」というルールを決めて会議の質を高めています。

　あなたが主催者ではないなら、こうしたことを主催者に働きかけてみてください。

Step 6　業務を洗い出し、見直してみよう

どのくらいの時間をかける価値があるのか

　お金のように時間予算を考えるのですから、「どれくらいの時間をかける価値があるか」ということを考えましょう。「どのくらいかかるのか」だと時間の無駄遣いをしてしまいます。

　何度も言いますが時間は有限です。湯水のように時間がわいてくるならすべてに十分な時間をかけられますが、そのことを認識してみると、なんにでも全力で時間をかければいいわけではないと気が付きます。

　私自身の失敗談です。初任のとき、学級の落とし物箱を作るのに1時間かけてしまいました。すでに箱はあったのですから場所を決めて置くだけなら1秒で終わるのに、箱に画用紙でデコレーションをして、「おとしものばこ」と文字をくりぬいて作りこみました。

　1秒で済む落とし物箱のために、1時間費やすのは長すぎです。

　もし一般企業で同じことをしたら「コスト意識がない」と間違いなく上司から注意を受けていたでしょう。そのときは、「落とし物箱が素敵だったら子どもが喜ぶのでは!?」という思いつきに飛びついてしまったのです。

時間をかけたほうが立派という呪縛

この仕事はどれくらいの時間をかける価値があるのか。あらかじめ見積もってから取りかかることで、限られた時間をうまく使ってその中で成果を出せるようになります。

学校では教師一人ひとりの仕事内容はお互いに開示される機会がなく、私の落とし物箱のような見えない無駄が数多くありますが、指摘してもらう機会はありません。できあがった落とし物箱にどれくらいの労力がかけられたかについて吟味されることもまずありません。

時間コスト意識を鍛えられる機会はほとんどありません。

むしろ、「時間をかけてすごい」「時間をかけた方が立派」という雰囲気すらあります。

あなたはぜひ「遅くまでいるほうが立派」「やればやるほど立派」という呪縛から解放されて、仕事を適正に見積もれるようになり、不要なことは不要と見極めたり、緩急をつけたりできるようになってください。

「何のためなのか」を意識する力

私が落とし物箱をデコレーションしたのはなんのためだったのでしょうか。「子どもを喜ばすため」だとしたら一定の効果はありましたが、正直、私は目的意識を持っていませんでした。

物を大切にする・自分の持ち物を管理するといった力をつけることがここで目指すべきことだったと思うのですが、そうであれば、落とし物箱のデコレーションは1秒で終わらせて、物を大切にする絵本の読み聞かせをしたほうが断然効果的だったでしょう。

「何のためなのか」をいつでも意識し続けることで、適正な見積もりと手段がわかるようになります。

▌「必要」な仕事とは？

　学校での仕事は、提出書類も保護者対応も丸つけも、どれも必要だから行われているわけですが、ここではもう一歩踏み込んで「必要」について考えます。

　「必要」を「①法的根拠があるもの」「②しないと重大な不都合が生じること」とするとすっきりします。この基準で「必要なことだけ残す」ならば、今まで必要だと思われていた仕事はぐっと減るはずです。

①法的根拠があるもの

　教育基本法・学校教育法・地方公務員法・教育公務員特例法・地方教育行政法・学習指導要領・学校管理規則などが、教師の仕事の法的根拠になります。これらに立ち返ると、不要なものが見えてきます。

　働き方改革を進めたある校長先生は「学習指導要領にあることをするのが最低基準。学校がしなければいけないことはとても少ない」と言っていました。

　確かに、学習指導要領には、宿題・スピーチ大会・マラソン大会・夏休み作品展等々を"しなければならない"とは書いていません。学習指導要領を読むと、指導するべきことは実はシンプルであることがわかります。

　おそらく「あったらいいな」という気持ちで始めた仕事が、毎年続けるうちに「あって当然」「なくてはならない」ものになっていったのではないかと推測します。思いがあって始めたことでも、今は形がい化しているということもあるかもしれませんし、教職員で思いを共有できていないかもしれません。また、そうなった背景には、学校の多忙な現状や子どもの実態の変化もあります。

　一度学習指導要領に立ち返ってまっさらな気持ちで考えてみることをおすすめします。

法的根拠に立ち返ると論点が見えてきます。さらに勉強したい人は教育サークル「やたがらす」（代表：大阪市教員丸岡慎弥さん）のイベント『弁護士と学校の先生の勉強会』などに参加してみてください。

②しないと重大な不都合が生じること

　だからといって法的根拠がない仕事についてすべてをやめたらさまざまな不都合が生じるでしょう。法的根拠はないけれど必要なこともあります。

　この場合の「必要」は、「しないと重大な不都合が生じること」です。不都合の度合いによって、必要度も変わります。つまり、より重大な不都合が生じないためのことは、より「必要」といえます。

　今ある仕事について「それをやらなかったらどうなるか」を考えるのです。すると、「不都合があって困る」か「そうでもない」かがわかります。次に、その不都合は重大なのかを考えると、よりシビアに「必要かどうか」を見極めることができるようになります。

▌ シンプルに考える

　「あったらいいな」だとどれも「必要」となりますが、「必要」をこのように考えると、手放せる仕事が出てくるはずです。完全にやめるのがこわければ、試しにやめてみて困ったら復活させることもできます。

　いったん仕事を手放してシンプルにしてみると、比較的大きな時間が生まれます。時間の余裕があるから新しいことにチャレンジできます。時間の余裕があるとさらに時間を生むことについて考えることもできます。

　本当に「必要」なことに絞ってゼロベースにした後、新しい気持ちで「あったらいいこと」を加えていくなら、小さな余白の中でしかできなかったことよりももっと大きな「やりたいこと・あったらすごくいいこと」ができるようになるでしょう。

やめると得られるもの

①まとまった時間

　「やめる」という選択では、例えば1時間かかっていたものを0分にすることができます。

　1時間かかっていたことを30分に「縮める」のに比べて、「やめる」ことにより、より大きなまとまった時間を生むことができます。

②すっきり感と充実感

　「やめる」ことは、仕事の大掃除をするようなものです。つい増えてしまう不要なものや一見必要そうなものを年の瀬の大掃除のようにしてすっきりさせましょう。物を捨てるとスペースができて生活空間がその後ぐっと快適になります。そしてたいていの場合、捨てても後で困ることはありません。

　物を捨てるのと何かをやめるのは似ています。つい増やしてしまった「すること」ことがあれば、一掃してすっきりしましょう。

　物も、することも、厳選していれば一つひとつを大切にして丁寧に暮らすことができます。物やすることがあふれていては手入れも行き届きません。本当に大切にしたい物や「すること」だけを潔く選べば、価値観に沿っている充実感を得られます。選択と集中をしましょう。

「やらないことを決める」と快適が続く

　「どれも必要でやめられない」という声が聞こえてきそうです。しかし、自らタスクを増やしているかもしれない、という話をご紹介します。

　教育委員会や校長先生から私のところにいただくご相談で、次のよ

うな内容のものがよくあります。

「教師の補助業務をするアシスタントを学校に入れたり、教育委員会が学校の仕事を引き取ったり、学校長判断で大きな行事を廃止したりした。でも、教師の残業は一時的に減ったけど、すぐにまた元に戻ってしまった」というものです。

「アシスタントがコピーしておいてくれるならこっちのコメント書きができるわ！」という具合です。

教師の生活時間を取り戻してもらおうと、そうした措置をしているのに、教師が自ら仕事を増やしてしまうというのです。

「必要そうなこと」「よさそうなこと」はたくさんありますが、「今までやらずに支障がなかったもの」は、「やらなくてもいいもの」だと言えます。

つい手を出してしまいそうなことについては、あらかじめ「やらないことリスト」にして「やらない」と決めておくことです。

大掃除で厳選して「残す」と決めたものを大切にするためにも、一掃して生まれたよりまとまった時間を守るためにも、「やらないことを決める」のです。

そしてできた時間をぜひライフの充実にあてて、ワークとライフの大きな循環のほうに目を向けていただきたいと思います。

【業務をすっきり見直すためのワーク】

　ルーチンワークに追われるのではなく、どんな業務をなんのために
しているか見直しましょう。

手　順

①この数日にした仕事を思いつくままふせんに書き出してみましょう。
　１項目１ふせんです。週案を見ながらだと書きやすいです。

②それぞれについて、「何のため」だったかを考えながら時間対効果
　を振り返りましょう。①のふせんを下のマトリックスに貼り替えま
　しょう。

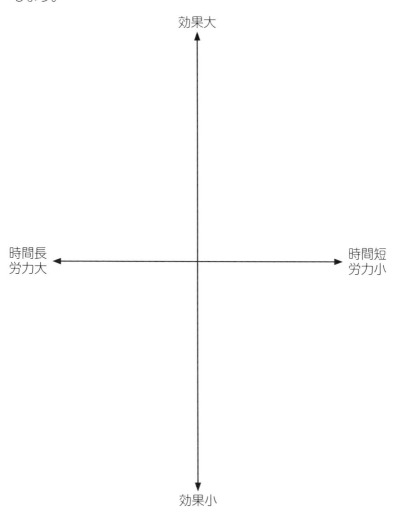

③「そもそも必要か・簡単にできないか・回数を減らせないか・まと
　められないか・効果を高められないか・"工夫"でゆとりゾーン（右
　上）にできないか・時間を短くできないか」を考えましょう。

見直しにはいろいろな方法があります。

●小さくする

- 全体や全員ではなく一部や希望者（子どもも大人も）のみにする
- ２人の教師でやっていたことを１人にする

●回数を減らす

- 毎日だったものを週１回にする
- 毎年だったものを隔年にする

●子どもに任せる

- 子どもだけでも動ける仕組みをつくる

※子どもの自立を促すことにもなります！

改めて目的を確認すると整理しやすくなります。

●目的がはっきりわかるものはこうする

　似たような仕事、目的が同じ仕事が複数あるということがよくあります。

- 思い切って１つか２つかにまとめる
- 一番効果の高い１つを残す
- やり方をがらっと変えてバージョンアップする

バージョンアップの例：

　福岡県春日市教育委員会は、学校訪問を廃止しました。学校の準備が大変だった上に、教育委員会にとってもよそ行きの姿をした学校を見ても「学校の様子を知り政策形成に役立てることにつながり難い」と考えたからです。

教育委員会事務局が教職員の本音を聞いて政策を立てるために、「発展的解消」というバージョンアップの方法をとりました。夏休みに各学校を教育長が訪問する「教育長出前トーク」にしたのです。夏休みなので授業はなく、指導案や掲示物を用意することもありません。先生たちほぼ全員と教育委員会で、本音をざっくばらんに話し合います。

　ときには、不登校の子どものことで悩んでいる先生が、毎日どれだけ心を痛めていて、どれだけ努力しているかを涙ながらに話したことがあったそうです。

　教育委員会事務局は、数字や報告で知っていた不登校の本当の姿を目の当たりにしたのです。そして、学校にとって本当に必要なことであった不登校支援に予算が付くことになりました。

　従来型の学校訪問から教育長出前トークに、「廃止」→「バージョンアップ」をして時間も効果も生んだ例です。

●目的がよくわからないものはこうする

　目的が明確ではない仕事もよくあります。その仕事があなたの学級のことであったり、あなたがチーフの校務分掌のことであったりすれば、やめることはできるでしょう。その仕事が「なかったらどうなるか」を考えてみてください。目的が不明確な仕事は、なくなっても支障はないはずです。

　もし目的が不明確なのにやめると支障があるとされるのであれば、誰かへの忖度や価値観の相違が絡み合っていることがあります。その場合はそれらを紐解いていくと改善の方向性が見え始めます。直接的な業務改善ではないように見えますが、広い意味ではこれも業務改善であり、むしろ自分1人で決定できないことについては、周りと関係性をつくって話し合うことで改善できるようになります。その対話の中でチームとして大切にしたい「軸」が見えてくることもよくあります。

Step 7 思い込みを手放せば、あなたの人生は絶対変わる

　完璧にできていない自分を責める先生たちによく出会います。「もっと丁寧に」「もっときちんと」できなければいけない、という言葉がよく聞かれます。それはそれで尊いのですが、もしその思いが強くて**自分を責めたり笑顔でいられなくなっているとしたら、一度「ねばならない」という価値観を疑ってみてもよいのではないか**と思います。

▌価値観のつくられ方

　ある先生がお箸を正しく持てない児童にとても厳しく指導していました。子どもは萎縮して、先生はとてもイライラしながら叱っていました。

　その様子は、遠くから見ると、弱い者いじめなどのよほど許されないことでも指導しているのかと思われるものでした。まさかお箸の持ち方だけでそこまで？　と疑問に思うほどの叱り方です。

　後からその先生に「もしかして先生は子どものときにお箸の持ち方を厳しくしつけられましたか？」と聞くと、「そういえば、小さいころにお箸を正しく持てなくて両親からとても厳しく叱られた」とおっしゃっていました。

　子どもだったその先生の深いところに「お箸を正しく持てないことは、厳しくしかられるべきことだ」と刻まれ、価値観が形づくられた

わけです。そのきっかけとなった出来事についてはすっかり忘れてしまっても価値観は心の中に残り続けます。

　その先生は、お箸を正しく持てない人を見かけると無意識のうちに心の中で責めていたのでしょう。刻まれた価値観をもとに無意識のうちに反応して行動しますので、受け持った児童が正しくお箸を持てなければ「厳しく指導しなければ」と反応していたのです。

　価値観はさまざまなきっかけでつくられます。親や先生の一言、テレビのワンシーン。強烈な経験ではより深く刻み込まれます。

　お箸の持ち方が正しくなくてもまったく気にならない人と、ものすごく気になる人がいる、ということなのです。

　これはお箸に限らずあらゆることに言えます。

　あなたが誰かの行動にイライラしているのに相手がまったく気にしていないようなら、それはあなたに不快な思いをさせていることに気が付いてすらいない可能性があります。

　反対に、あなたにとってなんともないことでも、誰かにあなたの言動を注意されたならば、相手にはそれが「不快なことである」という価値観があるということがわかります。

　このことを知ったとき、私は気持ちが楽になりました。

　責められれば「自分が悪い」と思い、責めたくなったときには「相手が悪い」と、どちらが正しいか間違いかのジャッジゲームをそれまで長年ずっと続けてきていたからです。

　このことに気が付いてからは、自分や相手を責めることが激減しました。毒を生み出す心の装置が消えたかのようでした。

　人は誰しもたくさんの価値観や思い込みを持って生きています。それらとうまく付き合って、より軽やかに、より幸せになりましょう。

【あなたにとって不要になった価値観
を手放すためのワーク】

「べき・ねばならない」を手放す

　個人の持つ特別なものだけではなく、世間一般の「常識」や「普通」も、いつの間にか刻み込まれる価値観です。「常識的にこうするべき」「普通は初対面ではそんなことは聞かないでしょ」などです。

　先生はこうあるべき。管理職はこうであってはならない。学校は、保護者は、学級は……。こうした「べき」や「ねばならない」が強くて多いと、心も行動も自由度が減ってしまいます。

助走――事例を知る

　不要な価値観を手放す方法の１つは事例を知ることです。

　今、学校ワーク・ライフバランスのコンサルタントとして私自身も全国の事例をできるだけ集めていますが、「へー！」と驚き、そのたびに常識の枠にとらわれていた自分に気が付いて枠を外す日々です。例えば、数年前には突拍子もないと思われていた午前中に５時間授業をする学校は、じわじわと増えてきています。

　千代田区立麹町中学校での学級担任制廃止は有名ですが、実は同様の取り組みは全国にあります。全国にはこれまでの常識にとらわれずに自由な発想で考えるアイデア先生がいるのです。

　このような例を知ると、「それもありなんだ！」「そこまでしてもいいんだ！」と古い価値観から解放されていくのではないでしょうか。そしてあなたも自由な発想で新しいことに取り組み始めることができるのです。

価値観を見直し、手放す

　私たち人間は生まれたときからずっとさまざまな経験をするたびに、無意識的に深いところに価値観を刻んでいます。刻まれた当時はその価値観が必要でしたが、今振り返れば不要だったり古かったりするこ

とがあります。そのことに気が付いたら、あなたにとって不要になった価値観を書き換えましょう。

　不要な価値観を見つけるためのポイントがあります。「普通は」「これまでは」「常識的に」「正しくは」「絶対に」と思っている場合や「自分や誰かを責める気持ち」が浮かんできた場合は、その思考にはあなたを苦しめる価値観が潜んでいる可能性が高いです。

　私自身、これまで不要になった価値観を100個以上この方法で手放しましたが、それでもまだ、日々不要になった価値観を発見しては手放し続けています。

手放した価値観の例：
- 今日できることは今日するべきだ
- 人生よりも仕事を優先するべきだ
- 定時で帰るなんて絶対にできない
- 育児は女性が主体になるのが普通だ
- 先生は先生らしくしなければならない
- 保護者の要望は断ってはいけない
- なんでも100点を目指さなくてはいけない
- 会議は1時間が普通だ　　　　　　　　　　　　　　など

　とくに、育児は女性が主体になるのが普通だという価値観から解放されたことは、本当に大きな変化でした。夫婦で力を合わせるようになり、私にとっては活動範囲を広げることになりましたし、それ以上によかったのは我が子がパパっ子になり家族がとても仲良しになったことでした。家族にとっても大きなプラスだったと思います。

　もし望ましくない価値観を持っていることに気が付いたなら、書き換えてしまいましょう。

右ページのワークの書き方の例：

　お箸の持ち方の話を例にしますと、確かにお箸を正しく持てることは日本人として大切なことかもしれません。しかし、先生は心のゆとりをなくし、子どもとの関係は悪化していました。

　この価値観はこの先生を幸せにしているでしょうか？

① 「お箸は正しく持たなければいけないし、担任はそれを厳しく教えなければいけない」という価値観を書き出す。

②自問する。

・これは役に立っている？

・この価値観は本当？　真実？　絶対の真理？

・この価値観を持ち続けて私は幸せになる？

・正しく持っていない子を見ると厳しく指導しすぎてしまい、子どもとの関係が悪化している。自分はイライラする

・正しいことかもしれないが役には立っていない

③書き換える。

例：

・ 「お箸は正しく持てないよりは持てるほうがいい」

・ 「家庭で見てもらってもいい」

・ 「学校で教えるが長い目で見て身につければよい」

・ 「学校だけで教えなければいけないわけではない」　など

①手放したい価値観を書き出します。

_____

_____

_____

_____

_____

②それに対して「それって本当？」「私の役に立っている？」と十分
　に自問します。

_____

_____

_____

_____

_____

③望ましいものに書き換えます。

_____

_____

_____

_____

_____

Column 2

周りの人と
ワークをしてみる

■ グループ内で意見交流するとノウハウ共有に

　私が行うセミナーではこの章で紹介した時間対効果のマトリックスに記入して、参加者同士がグループ内で意見交流をするというワークを行います。

　ゆとりゾーンに「家庭訪問」と書いた先生がいました。多くの先生は時間がかかると思っていたので、興味津々でどのようなやり方でやっているのかを聞いてみました。

　すると、気になる子の家に毎日のように立ち寄っているとのこと。帰宅途中に原付バイクでその家の門に着くと原付の音を聞いて保護者が出てきてくれるほどのルーチンワークになっているそうです。

　そこで、二言三言、今日の様子について会話を交わして帰ります。ほんの1～2分のことですが、保護者・児童と先生の信頼関係がガッチリ結ばれ、日々の学級経営やその子への指導がスムーズだということです。

　また、ゆとりゾーンに「学級便り」と書く先生もいました。子どもが書く学級新聞を学級便りとしているそうです。教師から保護者に伝えたいことがあれば、端に1行程度書き入れます。子どもたち目線の学級の様子がわかり保護者に好評だということです。

　書くのは1日1人。子どもたちは自分の番が回ってくるのは1～2か月

に1回。給食準備中に10分以内で書ける分量にしているそうです。先生は年度はじめにテンプレートさえ用意しておけば、子どもたちが毎日書き上げてくるものを昼休みに印刷するだけで済みます。

▌ 交流によってチームで課題が発見できる！

一方、「掃除・丸つけ・○○会議」などは、「効果が低くて時間がかかるもの」によく出てきます。「何のためにやっているのかわからない」「かけた時間と教育効果がまったく見合っていない」など、日ごろ言いにくい本音が出てくる場合もあります。

このワークを周りの人とすることにより、チームで仕事の無駄や課題を見つけることができたり、お互いのノウハウを共有したりという広がりが生まれます。

あなた自身の働き方を見直すためだけでなく、学校全体で働き方の見直しに取り組む際にもおすすめです。

「作文」が研究重点だった学校では、毎日の添削指導が多くの先生にとって「時間に追われるゾーン」になっていました。

ある先生が「その日の観点のみ見る」という工夫を交流の中で共有してくれて、多くの先生たちがその工夫を取り入れました。例えば「接続詞」がその日の観点なら、接続詞にマークをつけて子どもたちに提出させて、その部分のみ確認します。改行・誤字・分量・内容等についてはまた別の機会に回します。

これで、先生たちの添削時間は圧倒的に短くなったと同時に、子どもたちにはその日のポイントと直すべき箇所がわかりやすくなったので、作文に前向きな子が増えました。

第3章

ちょっとした工夫が
あなたの人生を変える！

明日でいいことは
明日にやる

退勤時刻を絶対に守ると見えてくるもの

　退勤時刻を絶対に守ろうという気迫を持った上で、抱えている仕事を見返すと優先順位が見えてきます。今までよりも早めの退勤時刻を設定すれば、どう考えても退勤時刻までにできる仕事はいくつかに限られてきます。それこそが、あなたが今日すべき仕事になります。

　実際に退勤時刻を決めて、ワークとライフをうまく回している人の例を見てみましょう。

中学校教師・男性・硬式野球部顧問の例

　「毎日18時にスポーツジムに行けるようにしています。その秘訣は『徹底的な見通し』と『優先順位』です。

　『徹底的な見通し』とは、最終の締め切り日から逆算して仕事の予定を立てることです。見通しがあれば今日するべきことなのか、明日でも大丈夫なのかがはっきりわかるので、明日でいいことなのに焦って今日手を着けるということがなくなります」

　このことは次の先生もうまく表現してくれています。

青森県小学校教師・女性の例

　「終わりの時間が決まると、逆算して仕事が自然淘汰されてやるべ

きことがはっきりするんですよね。不思議なことに」

大阪府小学校教師・女性の例

　「明日でいいことは明日。今すぐすべきことは今‼　取捨選択することで、潔く定時帰宅できるルーティンにつながっています」

　定時の退勤がルーティンになっているというこの先生は、めいっぱいライフを充実させていて心も体も本当に元気な人です。

　あなたもぜひ、今から「明日でいいことは明日」にして、1分1秒でも早く帰りましょう！

▌ 早く帰っていいのです

　ところで、1つ目の例の「徹底的な見通しと優先順位」を大事にしている先生は、子育て中など「絶対に守らなければいけない毎日の締め切り」がある先生たちと同じ働き方をしています。

　時間は有限であると意識すると、このような働き方にならざるを得ません。そして、期日を守り責任は果たしているので、仕事の質が高いと言えます。

　しかし、そういう子育て先生に話を聞くと「早く帰って申し訳ない」「もっと時間をかけないといけないのに」という思いにとらわれて自信を持てずにいる人が少なからずいます。

　講演会でそのことに触れると、そういう方たちから「この働き方が間違っていなかったことがわかってよかった」という感想をよくいただきます。

　時間内でしっかり責任は果たして成果を出しているのだから、むしろ校内のお手本になる働き方なのです。ぜひその働き方に大きな自信を持っていただきたいと思います。

帰りやすい
ムードをつくりだす

▌帰りやすくなるアイデアはいろいろある！

　せっかく早く仕事が終わっても、いつも帰りにくさを感じていては
ストレスが溜まるばかり。帰りやすくなるアイデアをご紹介します。

アラームで合図

　帰る時刻にアラームのメロディが鳴るようにします。そのメロディ
であなたが帰ると周りに覚えてもらうと、そのうち「アラーム鳴って
ますよ。帰る時間ですね！」と声をかけてもらえて帰りやすくなります。

カレンダーに定時マーク

　放課後に話しかけてくる人はあなたが何時に帰りたいか知らず、悪
気なく長話になってしまうことがあります。残れる日以外には卓上カ
レンダーに「定時」と書き込みます。初任者指導の先生がこの方法を
試したところ、相談に来た初任者が自ら「手短にしますね」と時間を
意識してくれるようになったり、「しっかり話したいので先生が残れ
る日に改めます」と言ってくれるようになったりしたそうです。

プライベートをオープンに

　私生活を知ってもらうことで、例えば「デートでしょ、楽しんでき
てね」「習い事の日ですね、頑張って！」「お子さん熱出ていたわね。

お大事にね」と送り出してもらいやすくなります。できればお互いにオープンにすることで「お互いさま」の意識が生まれ、風通しのいい、助け合いのチームになれます。趣味や家族についてなど、どんどん話題に出してみましょう。

　子育て中の方へのおすすめは机に我が子の写真を飾っておくことです。また教職員のイベント、例えばお花見などに家族を連れて行って顔を知ってもらうと、さらに理解を得やすくなります。

▌ 放課後の予定をオープンに

　放課後したい仕事の内容と時間を周りの先生に伝えておきます。週案に書いてその週のものをコピーして渡すと簡単です。そのメリットは次の３つです。

　メリット①　終わりの時間も書くことで、何時まで校内にいるつもりなのかをお知らせできます。時間どおりに出たい日は目立つように印を付けると帰る間際に呼び止められることを減らせますし、あらかじめ伝えてあるので「明日でもいいですか？」と聞きやすいです。

　メリット②　教室にこもって何をしているのかを知ってもらえます。伝えていないと、職員室で「こもって一体何をやっているのだろう」と不思議がられたり、心配されたり、打ち合わせができないから困るという声が上がったりします。しかし、あらかじめ知っておいてもらうと、そうした声も避けられるし、「理解してもらいやすい」状況を自分でつくり出せます。

　メリット③　優先度が違うとき、取りかかる前に指摘してもらえます。そうすれば、帰る間際に、やっていない仕事（優先度が低いと思っていた仕事）について「あの仕事終わっていますか？」と聞かれて泣く泣く１時間残業、なんてことを回避できます。

　「退勤後のプライベートな予定」も書いておくとさらに応援してもらいやすくなります。

仕事も時間も
「細分化」する

　本来、定時が仕事を終える時間ですが、実は学校は、勤務時間内に授業準備や個人作業の時間が確保されていません。つまり2時間かかる仕事をしようと思ったら2時間まとめて確保することは構造上無理で、残業するか細切れにせざるを得ないのです。

　子どもの下校後にはたいてい会議や何かが入っていてそれだけで勤務時間がほぼ終わってしまいます。私が保護者向けの講演会などで学校の勤務時間の構造をお話しすると、「他業種では考えられない働き方だ」と驚かれます。「まとまった2時間は会議の後で」という考え方をしていると、定時で帰れる日がなくなってしまいます。**定時で帰るためには、「細分化」した時間の活用が必須です。**

▌5分間の可能性

　仕事は細分化して、ごく短い時間でもあればすぐに手を着けましょう。「短い時間じゃ集中し始めたと思ったらやめることになるのではないか」と、心配する人もいると思います。人間の集中力は仕事に取りかかり始めてから、私たちが思っているよりも、もっと早くフル稼働し始めるので、短い時間でも想像以上に進められます。

　そもそも5分では何もできないとあきらめていたら何も解決しません。5分でも実はいろいろできます。テレビをボーッと観ている5分

はあっという間ですが、仕事中の5分というのは実は多くのことができる時間です。

例えば、授業について考えたり、アンケートに記入したり、1件の電話をしたりということはできます。

机にたまった回覧は5分あれば隣に回すことができます。会議室に5分前に着いてしまい、手持ちの仕事をしたらはかどったということはないでしょうか。

授業準備なら、直近の単元の指導書をコピーして持ち歩き、5分で目を通せば明日の授業のポイントをつかむことができます。

▎逆算・細分化　所見作成の例

毎学期、「間に合うだろうか…」と青ざめつつ、必死に所見を書く人も多いかと思いますが、それでも本当に間に合わなかったという人には出会ったことがありません。子どもに渡す日までにはできあがっているものです。**必須の締め切りがあると、人は守れるものなのです。**

所見を書くのにどれくらいの時間がいるかな、と見積もるには最終締め切りだけに合わせるのは大まかすぎます。以下のようにすると見積もりも締め切りも決めやすくなります。

1）逆算：21日前から14日前までに

細分化：所見の素材となるキーワードを集める。

　　　　どこでも記入できるように名簿を持ち歩く。

2）逆算：14日前から10日前までに

細分化：キーワードのある子については、休み時間の10〜15分を使って3日間で全員分（30名として）書き切ります。下書きなし、1人当たり1分程度で手を止めずにタッタカと書いていきます。キーワードがない子はその間も引き続き観察し、周りの先生にも意見をもらいます。10〜15分が取れなければ5分×6〜9日間とすることもできます。

逆算・細分化　成績評定の例

〈小学校　教科Ａ　手書き通知表の場合〉

【大きな締め切り】　　終業式

⬇

【小さな締め切り】

2日前までに　　　　記入終了・管理職に見せる

⬇逆算

4日前までに　　　　評定最終決定・記入開始

⬇逆算

5日前までに　　　　評定ほぼ決定

⬇逆算

8日前までに　　　　成績計算終了

⬇逆算

10日前までに　　　　テスト実施・丸つけ

⬇逆算

11日前までに　　　　最終単元指導終了

⬇逆算

22日前までに　　　　最終単元指導開始

　これらを週案に書き入れます。小さな締め切りを把握していることを「見通しを持っている」と言います。このようにすると、最終単元を始めなければいけない日がいつなのかも明らかになります。

逆算・細分化　研究授業の例

　私は教師だったとき、毎年研究授業をしていました。

　一度目の教師時代、研究授業ではいつも準備不足を感じていました。「時間があったらもっとできるのに」とよく考えていました。段取り

や見通しを持つ時間こそ優先すべきだったのに、それに気が付かずにやみくもに目の前の必要そうなことに飛びついていたのでした。

　二度目の教師時代には逆算をして取り組んだので、研究授業の内容にも、そこからの学びにも効果が大きかったです。計画段階から「研究授業の日だけにしか生かせないことはせず、教師人生でずっと役に立つものを身につけよう」という視点を持って取り組むことで、そのときだけの盛り上がりで終わることを防ぎました。

　ライフで子育てやほかにやりたいこともたくさんあったので、研究のためのまとまった時間はほとんど取れませんでした。だからこそ研究授業の日から逆算して小さな締め切りを設け、進捗管理を自分でして、学年の先生ともそれらを共有して進めました。

　それをしたことで、短時間ずつしか準備が進められなくても精神的にゆとりを持てました。

▎逆算する時間をつくることの大切さ

　セミナーを受けてくださる先生方に現状の忙しさの解決策として何が思い浮かびますかと聞くと、「仕事を減らす」ことと同じくらい「段取り・見通し」が出てきます。つまり逆算と同じ意味ですね。

　段取りや逆算が不十分で、二度手間や無駄足、間に合わないことが日ごろからよくあるようです。逆算する時間も取れないくらい日々のことに追われていることの裏返しでもあります。

　そのための時間はかかりますが、見通すための時間をつくることで後の仕事の質を大きく上げることができます。

　所見や成績や研究授業のような大きな仕事以外にも、毎日のことについて逆算・細分化を取り入れてみてください。

素材があると仕事は早くなる・仕事は完璧にしない

　形になったものがすでにあるというのはその後の仕事を効率的にします。

▌あなたのたたき台＋周りの知恵

　自分１人で全部をやり切るのではなく、周りの力を借りることで効率的に仕上げることができます。たたき台があると、それが発想を呼ぶので、周りから次々にアイデアをもらえます。

　自分で用意するのは青写真程度のたたき台までにしておき、後は周りに見てもらったり助言をもらったりして完成させます。

　「仕事の完成度を80％にすることです。後は同じ仕事の者、学年メンバーや部のメンバーと話をして詰めればいい」というのは、経験豊富なワークもライフも充実している奈良県の小学校の教務主任です。

　経験の少ない先生には、何か間違っていても小さい修正で済む早いうちに指摘してもらえて手戻りを減らせるので時間の無駄を減らせます。また、いったん見せてもらえたメンバーは安心するので信頼を得られます。

　昨年のデータをもとにすることはほとんどの人がしているでしょう。しかし、昨年とまったく同じものを使うというのはどうでしょうか。ちょっとはばかられる気がします。

私が一緒に勤務していた学校の先生で、昨年の提案資料を昨年の担当者の名前も入ったままで持ってきて提案する先生がいました。昨年の担当者の名前は抜いておくぐらいのことをしなくていいのかと、初め私は驚いたのですが、それが実に効率的なのです。

　昨年の担当者名が入ったままの文書を見ながらその場で新しい担当者名を入れていきます。初任者でもやっていたとか、この人は2つのことをかけ持ちしていたというヒントがあるので、仕事の難易度が容易に想像できるのです。

　しかも昨年が誰だったのかがすでに共有されているので、昨年のことを誰に聞いたらいいのかすぐにわかります。

▌指導案の半分は昨年度のもの

　研究発表会前日でも職員室があわただしくなく「本当に明日発表？」という雰囲気の学校があります。当日までに形を整えるのに精いっぱいになって疲れるのは本末転倒ですが、この学校では「発表をするために整える」のではなく、「日ごろの研究の先に発表がある」と考えています。日ごろしていることがすでに素材になっているのです。

　この学校ではよく考えて、研究授業の指導案を半分は昨年のものにすることにしました。つまり半分の学年は新しく指導案をつくることはせず、昨年のものに、文字通り積み上げていくことができるようにしたのです。

　目新しいことに取り組むばかりではなく、せっかく研究発表会を持ったら、それを次年度もう一度やってみようとすることは研究の深化であり、しかも結果として時間も生み出します。

　授業後の協議会では、同じ指導案を使って翌年授業をするのは自分かもしれないという視点が先生方にあるので、より実際的な話し合いになることでしょう。

　このような積み上げ方は実に合理的でよいと思います。

スピードアップの
工夫

▌ 5秒で決める

　考えるのに時間がかかるという場合、ファーストチェス理論というのがあります。

　チェスの一手を5秒で打っても30秒かけて考えて打っても、打ち手は86％同じというものです。

　つまり、直感的に考えても長く考えても出てくる答えはそう変わらない。それならまず答えを仮で出しておいてサクサクと次に進んでいくのがもっとも効率的です。一度出してみた答えがしっくりこない場合のみ後から考え直せばいいのです。

▌ 1分で済ます

　また、**2分でできることはその場で済ます**という人もいます。学校の場合は秒単位・分単位で動くことが多いので、よりシビアに「1分」でできることはその場で済ます、というのをおすすめしています。

　それ以上かかりそうなものは後回しにする、という自分ルールをつくってしまえば、今するかしないかを判断する労力を節約できますし、1分以内に済ませようという意識が働いて効率的にできるようになります。

　例えば、

・職員室内の回覧はその場で回す

　そのためにあたりをつけて読む、ということができるようになります。また、

・連絡は1分以内で済ます

　1分で済ませるには、要点をまとめる、メモを見せながら話すなどの工夫が必要です。1分で済ませようとすると、必然的にそうした工夫をするようになります。

▎AAやBを書き込むと意欲が向上

　子どものノートに先生がAAやAやBと赤ペンで書きこむようにしたことで、子どもたちの学習意欲が高まった例があります。はっきりと自分の位置がわかったら改善できるようになったり、頑張りがわかりやすく評価されることがやる気につながったりしたのです。

　学期末や単元ごとの大きな評価だけでは、日常的な意欲付けになりにくいのですが、日々の学習でこまめに肯定的な評価をもらうのは、子どもたちからすると頑張りがすぐに反映されるので、意欲を引き出すことになったようです。

　実践した先生は、「子どもが開いて持ってくるノートをパッと見てAなどを書き込みます。ほとんど時間がかからないこれだけのことで、子どもたちが授業でポイントを聞き逃さず書き取ろうと頑張るようになりました」と言っていました。

　AやBを付けづらいという先生の中には、二重花丸・花丸・丸で工夫していた人もいました。

　学期末にはノートをざーっと見返せば、全体的にAAが多いとかBが多いとかがわかりますので、成績評定の際にも役に立ち、時短につながります。

アイデアで
ワクワク仕事上手

同じ仕事なら、より短い時間で

同じ買い物でも安く買えれば買い物上手。ならば同じ仕事をより短い時間でできるなら仕事上手です。

それにはただ速くやるというだけではなく、アイデアが必要です。「時間対効果」の高い方法を考えるのはとても創造的でおもしろいことです。

定時に帰る先生はアイデアマンであることが多いもの。価値ある商品を安く売っているお店を知っていれば買い物が楽しくなるのと同じように、価値あるアイデアを多く持っていると先生の仕事はもっともっとクリエイティブで楽しくなります。

時間がかかることでよく挙がる「コメント書き」についてのアイデアをご紹介します。

子どもに選ばせるコミュニケーション

コメントを楽しみにしている子に応えたい、という先生でこんな工夫もありました。**宿題の日記提出の際に、箱を３つ用意して、「コメントが絶対ほしい」「できればほしい」「どちらでもいい、またはいらない」の提出先を子どもに選ばせるというものです。**

その先生は、「どの子も書いてほしいはずだと思っていたが、そうでもないことがわかったのは目からうろこ。みんな同じにしなくては

いけないという思い込みから解放されました」と言っていました。気になる場合は全員「絶対ほしい」に提出する日もつくるといいでしょう。

　副産物として、子どもがどこに出すかでその子の精神的な面まで読み取ることができるというメリットもあります。「いつも『絶対ほしい』箱に出している子が、今日は『どちらでもいい箱』に出しているな。何かあったのかな」という具合です。

▍ コメントスクラップ

　こんな声もあります。「ノートを集めてもコメントを書く時間がなくて返せない日もあり、溜まっているのを見るのが嫌になります」「コメント書きで残業になることも多く、授業から時間がたって返すコメントでは効果も半減ではないかと思うときがあります」「読んでいる子と読んでいない子の差が激しいので時間がかかる割に非効率を感じます」

　1人に15秒で書いていたとしても30名いれば7分30秒かかるのです。貴重な時間をかけたのに上記のような感想を持ってしまうのでは時間がもったいないですね。

　書けないときには、スタンプだけだったとしても、子どもたちはそれで離れて行ったりはしないものです。

　「コメントないけどしっかり見たからね〜」「今日はスタンプだよ」でもいいのではないでしょうか。

▍ 子ども同士がコメント交換

　目的がノート点検ではなく意欲付けだったらこんなやり方をしている先生もいます。

　隣の子とノートを交換して、お互いに一言コメントや「いいね！」マーク、サインなどを書くのです。 複数人の子と書き合いっこをすると、自分以外の人のノートの書き方を参考にする機会にもなります。

保護者とうまく付き合い
突発対応を減らす

▌本当に突発？

　「学校は突発対応が多いから働き方の見直しは無理だ」という声も聞きますが、子どもを預かっている以上は予期せぬタイミングでの保護者対応は起こり得ます。「災害以外は想定内」と思って仕事に余裕をつくっておくことは必要です。

　私自身、一度目の教師時代は「全力で100％詰め込むのが当然」というポリシーでした。しかし、二度目の教師生活に入る前、ある異業種の先輩ママさんからのアドバイスに目からうろこがおちました。

　「仕事は3割余力を残しておくこと。働きながらの育児では何が起こるかわからない。何かあったときに動けるようにしておくこと」というアドバイスです。この「何かあったときに動けるようにしておくこと」というのは学校現場の働き方に必要な考え方です。

▌始業式の日にコンタクトを取る

　何かが起こってから連絡するのはあなたにも保護者にもしんどいし時間も取られます。できるだけ未然に保護者と関係性をつくっておくことがその後の働き方に影響します。

　先輩から教わった方法ですが、私は始業式に一筆せんを保護者にお渡しする用意をしていました。

「はじめまして！　新しく担任をさせていただくことになりました澤田と申します！　うれしいことがあったので早速ご報告させてください。今日、新しい教科書を取りに行くときに□□さんが率先して手を挙げて協力してくれました。新しい子どもたちを前に私も緊張していましたが、その姿は、きっといいクラスになることを予感させてくれました。素敵な子育てをしてくださってありがとうございます。」といった手紙を真心を込めて書きます。

　名前のところだけ開けておいて、始業式の日に「教科書を取りに行ってくれる人は？」と聞きますと、たいていの子は手を挙げてくれますので、観察しておいてその子の名前を入れる、というわけです。

　引き継ぎのときにあらかじめとくに配慮の必要な子やご家庭については聞いていますので、その子たちの分だけでも始業式に渡せると印象が違います。

　4月のはじめのうちに保護者とよい話題で接点を持っておくことです。

ライフで自分を磨いて備える

　自分を磨くのは、人とのトラブルの未然防止にもなりますし、対応スキルを上げることでもあります。

　私は二度目の教師生活を始めたころに我が子の送迎の車の中で、デール・カーネギーの『人を動かす』『道は開ける』をオーディオブックで聞きました。それが、保護者対応に自信を持つ大きなきっかけになりました。

　一度目の教師生活では保護者の声におびえ、保護者からの相談や要望に応えられずに「聞く」（傾聴のつもり＝何も言えない）ばかりだった私が、考え方の引き出しを増やすことができたので堂々としていられるようになりました。

　その後、保護者対応には多様なものの見方を知っておく必要を感じた私は、休日には心理学を学び始め、保護者の言葉の背後にある本音

に気が付くことが増えるようになり、保護者との大きなトラブルも防げるようになりました。

　そもそも、カーネギーを知ったのは夫との会話がきっかけでした。仕事に直接関係はなさそうなこと、外での学びや、家族と過ごす中にも、自分を豊かにする種は散らばっています。保護者と直接じっくり向き合うこと以外に、ライフの中に保護者との関係を円満にするヒントはあるのです。

保護者に自己開示する

　自分がどんな人間なのかを知ってもらうと、身近に感じてもらえて大きなトラブルになる前に気軽に相談してもらえるようになります。

●保護者に知っておいてもらうといいこと

- プロフィール（子育て中、独身、生活背景、趣味など）
- 先生になった理由（なぜ志したのか、どんな先生になりたいか）
- 教育観（どんな学級をつくりたいか、保護者とどんな関係でいたいか、子どもたちに何を伝えたいか、その実現のために保護者と協力したいこと、教室で自分が楽しいと思うとき、子どものことをかわいいと感じたエピソードなど）
- その他自分について（強み・弱み、得意・苦手）

　これらを年度はじめの保護者会でお知らせするのがおすすめです。

保護者同士の懸け橋になる

　保護者同士で顔がわからないと、お互いに悪い想像をして解決まで長引いたり、学校外のトラブルなのに学校に仲介を頼まれたりすることもあります。

　保護者同士が知り合いだと、学校を介さずに解決してくれたり、大きなトラブルに発展しなくて済んだりします。また、保護者同士で聞

き合ってくれれば学校への問い合わせを減らすことができます。

　保護者同士のつながりをつくるには、学級懇談会でグループ対話を取り入れるのがおすすめです。保護者をいくつかのグループに分けて「ゲームについて」「家庭学習について」などテーマを決めて保護者同士で話してもらいます。「一度話したことがある」状態をつくっておくことで後がスムーズになります。

　これには副次的な効果もあって、これまで経験した学級懇談会と違うので「この先生おもしろそう」と思ってもらえます。私も含め実践した先生たちは、「今までの保護者会と違って楽しい」と参加した保護者から喜んでもらえたそうです。

▌ クレームの原因を断つ

　「保護者の理解を得るのが苦手で、毎年同じようなクレームがくるんです」と言う先生がいました。「子どもが学校に行きたがらない」という声が毎年一部の保護者から上がるのだそうです。よく聞いてみるとどうも、恐怖政治のように学級を押さえていたようです。

　この先生の場合は、保護者との関係性に直接働きかけることよりも、怖がらせずに子どもたちを指導する方法を身につけることや、少し自分や子どもに求めるレベルを緩めることが必要です。

▌ 働き方の見直しに保護者を巻き込む

　さらに積極的な保護者対応としては、もしあなたが管理職や教務主任ならば、働き方の見直しに保護者を巻き込んでしまうことです。入学説明会やPTA総会、コミュニティスクールをうまく使っている学校もあります。保護者は教師の勤務実態を知りませんので、きちんと伝えると「先生の働き方を見直すことは我が子の教育に関わることなんだ」「先生を助けたい」と応援者になってくれます。

任せ上手になる

任せ上手になる

ある先生が泣きそうな顔をしていたことがありました。

「隣の先生がいつも学年だよりをやってくれる。よかれと思ってやってくれているのがわかるので言い出せないが、本当は自分も仕事を覚える機会がほしい」ということでした。

隣の先生はいい先生でしたので、「自分がやったほうが早いし、周りの人の時間を生むので役に立っている」と思っていた可能性があります。

一方、相談の先生は、子どもたちに日々「自分のことは自分でしましょう」と言い続けているので、仕事の上でも周りに頼んだり任せたりすることに無意識のうちに抵抗を感じていたのかもしれません。

自分にしかできない仕事がある状態を「属人化している」といいますが、属人化が多ければ多いほど、あなたも周りもお互いの仕事が見えないのでお互いに助けにくく休みにくくなります。

誰もが一定のスキルを持った状態にすることが学校全体のレベルアップになります。学校として取り組めるのであればOJTの機会をつくって育成することが有効です。

あなたが個人ですぐにできることといえば担当者同士で仕事を分担して任せ合うことです。例えば小学校のクラブ活動の担当者は多くの学校で1つのクラブにつき2人ずつです。その担当者2人でクラブの

時間に子どもたちを見る学校が多いようですが、1人でも見ることはできます。あなたはもう1人の担当者に、「隔回ごとに1人ずつで見ませんか？」と提案してみるのです。2回交代や1コマの前半後半などバリエーションはいろいろ考えられます。

この観点を持っていると、ほかにも全校集会や職員朝会など、当たり前のように大人全員で関わっていたシーンも、実はブロックで1人が出るようにするなど任せ合えることに気が付きます。子どもの落ち着き具合や先生たちのスキルが一定であることなどの要素をクリアできるのであれば、すぐにまとまった時間をつくり出すことができます。

▍任せるとチーム力が上がる

担任にはどうしても仕事が集中します。**ある学校では、担任がこれまで当たり前のようにしていたことを担任以外の先生もできるだけ同等に分担することにしました。**
- 無断欠席児童・生徒の家庭への電話連絡
- 給食指導　・学活　　　　　　　　　など

これらを担任以外の先生もするようになってよかったことは、「先生同士で子どもについて自然と情報共有ができるようになったこと」と「1人の子どもにとって多くの大人が関わるようになったこと」でした。つまり、平準化できたり担任に時間ができたりということだけではなく、教員が「チーム」になれたのです。

▍子どもにもどんどん任せる

学級が心配だからといつでも手を離せないと子どもの自立につながりません。担任がいないと学級が回らない状態はできるだけ早く抜け出すことは大切だと思います。

担任がいなくても自分たちで考えて過ごせるようにすること。これ

は社会に出てから自分で考えて人生を切り拓くことにつながります。子どもたち自身の生きる力になることであり、担任にとっては時間の余裕を生むことでもあります。担任への属人化をできるだけなくすことが、子どもの育ちにつながるのです。

　実はこれをうまくやっているのは、我が子が小さい育児中の先生たちです。幼いうちほど急な発熱などで突発的に年休や時間休を取らざるを得ないことが多くあります。

　そのため、日ごろから子どもたちだけで考えて過ごせるように子どもたちを育てよう、と意識した学級をつくっている先生が多いのです。子どもたちが「自ら考えて行動したこと自体」を失敗や成功に関わらずほめて、「臨機応変に対応する力」を育んでいます。また、自分たちで生活や学習を進められるシステムをクラスに浸透させている人も多くいます。

　担任がいないと過ごせないクラスを想像してみてください。先生がいるときは静かだけどいないときは大騒ぎ、先生がいるときは仲良しだけどいないときは喧嘩ばかり、いつも先生が目立って指示を出し続けている…。

　できればこれと反対の学級をつくり、子どもたちは達成感を、先生はゆとりを持ちたいと思います。そうすれば、休みを取ることもでき、出張もあきらめずにできるようになります。1週間終わったときに、先生は元気でぴんぴんしていて、子どもたちは学習や遊びで心地よく疲れている。先生がいかに疲れていないかがよい学級経営のバロメーターであるくらいが、ちょうどいいのではないかなと思います。

▌先生の時間と子どもの育ちは同時にかなう

　子どもに任せることは、先生の時間という視点でも、子どもの育ちという視点でも、とても有益です。

　毎日のルーティンは教室内に60個ほどあります。一つひとつは小

さいことですが、積み重なると１日当たり１０分以上にもなります。

　子どもたちができることはどんどん任せましょう。

　学級の１日の流れの中で、これらのことのほとんどは、子どもたちに係として任せることができます。私は書き出した60個を、１人に２個くらいずつ任せました。

　学級について子どもたちに任せられることの例：

- 朝、職員室の棚に配付物があれば持ってくる
- 窓を開ける　・窓を閉める　・観葉植物の水やり
- 黒板の日付を変える　・明日の持ち物を黒板に書く
- チョークの粉掃除　　など

　全員がお互いのためにほぼ毎日何かを貢献することになります。こんなふうに説明します。

　学級みんなで生活しているので１人が少しずつ力を貸し合って毎日を過ごせるようにしたいこと、先生が全部やってもいいがみんなもできることには協力してほしいこと、それによって先生のゆとりができればクラス全体のために先生だからこそできることに時間を注げるようになること、そうすればさらにみんなが過ごしやすいよい学級になること、毎日少しのことだがそれが学級への貢献になることを話すようにします。

学級について係として任せられること

教科について係として任せられること

09

心にもゆとりを
持つために

心と行動の仕組みを学ぶ

　ストレスが強すぎると、仕事の質も私生活の質も下げてしまいますし、体調不良の原因にもなります。ストレスを溜めないことが、ワーク・ライフバランスを維持するためにも必要なことです。

　働き方を変えたり、時間の使い方を意識したりするのと同じように、心が元気でいることに気を配るようにしましょう。

　一度目の教師時代には、心も体もボロボロになってしまった私ですが、その後、「イメージトレーニング」やいくつかの心理学を学びました。

　イメージトレーニングは一般には願望達成のためのものですが、私が学んだイメトレはそれ以上に、自分らしさや幸せなどの心の仕組みに焦点を当てたものでした。

　イメージトレーニングと聞くとオリンピック選手が使うものと思われるかもしれません。実はオリンピックで金メダルを取る、というような大きなことばかりではなく、普通の人の日常にこそ使えるものなのです。

　スーパーティーチャーになっても、早く帰れても、大金持ちになっても、不満だらけだったらつまらないと思います。

　しっかり幸せを味わいながら、しかも早く帰ることや、先生として、1人の人間として経験したいことも達成できる、そんな先生が増えて

ほしいと思います。

　私が学んだイメトレ心理学の中から、知っていてほしいことをご紹介します。教師人生をもっと、もっと、ハッピーなものにしましょう。

ありたい姿にふさわしい言葉で　子どもたちを引き上げよう

　イメージトレーニングでは、達成する前から達成したかのような言葉を使う、というトレーニングがあります。言葉のパワーはとても大きいものです。子どもたちをほめたときに教室の空気がパッと輝くように変わるのを経験したことのある先生は少なくないでしょう。

　反対に、叱ってばかりだとどんよりした空気になります。古くから伝わる「言霊」は、やはりあるような気がします。

　子どもたちに大縄をさせていたときのことです。約30人の子どもたちで1年以内に連続100回の八の字を目指していました。それまで経験のない子ばかりだったので、はじめは1回跳んでは途切れてしまい、2回続くこともまれな状態でした。

　私は「前の人が入ったら、すぐに入る」「聞こえるように大きくかけ声をかける」などと、「もっとこうするといいこと」を教えました。すると、だんだんと10回程度続くようになったのですが、それ以上は伸びませんでした。技術的にはできているのですから、あとは自信などメンタルの問題だと思いました。

　そこで、ひたすら「いいね！」「うまい！」「できてる！」と、一人ひとりをほめ続けました。「もっとこうして…」と、言いたくなるときも、ぐっとこらえて「できる！」と言い続けました。するとどうしたことでしょうか。練習時間は体育の授業の短い時間だけだったのに、みるみる記録が伸び始めたのです。特別支援の補助の先生も驚いていました。

　そして予想よりもはるかに早く100回達成。そしてなんと200回

も達成できたのです。

　「100回達成する自分たちにふさわしい言葉を、100回達成する前から使う」。こうした言葉がけが子どもたちを引き上げます。

▌自分にかける言葉をよいものにしよう

　子どもたちに言う言葉だけでなく自分にかける言葉も、理想にふさわしい心地のよいものにしてみましょう！

　野球をする人に聞いたのですが、監督の指示が「高めに手を出すな」だと、打者は出してはいけない高めに手を出してしまうことが多い。「低めを狙え」だと、純粋に低めに手が出せるというのです。

なりたい自分にふさわしい言葉を使いましょう。

ふさわしい言葉に言い換える例：

（ふさわしくない言葉）　　　　　　　→　（ふさわしい言葉）

△残業はしないようにしよう　　　　→　◎定時に帰ろう

　「自分にふさわしい言葉」を選ぶのに、あえて「残業」という言葉を使う必要はありません。「残業いやだなあ」と思えば思うほど、想像しているのは「残業している私の姿」ですので、思考も行動もそちらに引っ張られていきます。はじめから「定時」という言葉のほうをシンプルに使えば向かいたい方向に一直線に行けます。

言葉の使い方の例：

△ザラザラのお肌が治りますように　→　◎お肌はツルツル

　今目の前には理想的ではないお肌が見えているかもしれませんが、あえて「ザラザラ」という言葉を使う必要はありませんよね。

△滞らない　　　　　　　　　　　　→　◎スイスイ上手くいく

△トラブルを起こさない　　　　　　→　◎平和で楽しく過ごす

「滞らないように」と考えれば考えるほど、想像しているのは「滞っている姿」です。はじめから「スイスイ上手くいっている」ほうをシンプルに想像すればそちらに向かっていけます。

理想の未来の自分に今すぐシフトする

「理想にふさわしい私」と「理想どおりになるかどうか迷いのある私」では、振る舞いも変わってきます。その振る舞いの連続で未来はつくられます。

学校では目標管理シートなどを書くことがあります。通常はまず1学期分を記入して、年度末になったら年度末の分を記入します。が、シートを1学期に書くとき、年度末の欄まですでに達成したつもりで一度埋めてみてください。そこに情熱があるほど、リアルに想像できワクワクしてきます。

妄想だとしてもワクワクしていたら、「年度末の理想をかなえるのにふさわしい私」で1学期からいられるようになります。

ある先生はこの方法を試して、「1年間でよくそんなことができたね」と、周りが驚くような成果を出すことができました。

子どもによい期待をかけると結果が伴うというピグマリオン効果を実感したことがある人も多いかと思います。子どもたちに対してはもちろんのこと、あなたに対してあなた自身が応援してあげましょう。

人は無意識にしろ、意識的にしろ、1日に8万回も何かを考えているといいます。そのうち、自覚できているのは5%程度だそうです。
• 心地よい言葉を意識的に使うこと
• 日々の考え方や行動を理想の自分にふさわしいものにすること
こうすることで、目の前の日々もその先の未来も心地よいものにしていくことができます。

【言葉を考えるワーク】

　望ましい未来にふさわしい言葉に換える練習をしてみましょう。

　解答例だけが正解というわけではありません。望ましい未来にまっすぐに向かう、自分なりにしっくりくる表現が習慣になると、日々の心地よさが増します。

なりたくない姿　　　　　　　➡　なりたい姿
ふさわしくない言葉　　　　　　　ふさわしい言葉

間違ってしまわないように　→　（　　　　　　　　　　）
よそ見しないで　　　　　　→　（　　　　　　　　　　）
遅れないように　　　　　　→　（　　　　　　　　　　）
嫌われたくない　　　　　　→　（　　　　　　　　　　）
残業を減らそう　　　　　　→　（　　　　　　　　　　）
クレームがこないように　　→　（　　　　　　　　　　）
特殊な業界だから無理だ　　→　（　　　　　　　　　　）
走ってはいけません　　　　→　（　　　　　　　　　　）

解答例：
間違ってしまわないように　→　（上手くいくように）
よそ見しないで　　　　　　→　（よく見て）
遅れないように　　　　　　→　（時間どおりに）
嫌われたくない　　　　　　→　（喜んでもらおう）
残業を減らそう　　　　　　→　（理想的な時間に帰ろう）
クレームがこないように　　→　（応援してもらえるように）
特殊な業界だから無理だ　　→　（できるかもしれない/
　　　　　　　　　　　　　　　　どうしたらできるだろうか）
走ってはいけません　　　　→　（歩きましょう）

【自分や学級に心地よい言葉を考えるワーク】

　望ましい未来にふさわしい言葉に換える感覚がつかめたでしょうか。では、ライフでもワークでも、あなたや子どもたちにふさわしい言葉を使えるようにしましょう！

　これまで意識せずに使っていたけれど、自分や学級にふさわしくない言葉があれば書き出して、言い換えてみましょう。

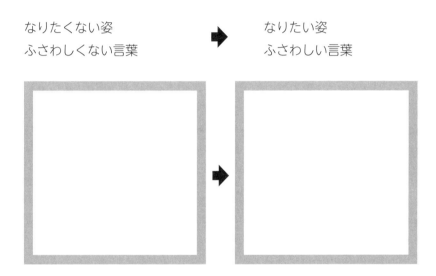

なりたくない姿
ふさわしくない言葉　　➡　　なりたい姿
　　　　　　　　　　　　　　ふさわしい言葉

　人は「なりたくないほう」に関しては詳細にイメージしがちです。リスクを見つめ、最悪の事態を防ぐためには必要なことですね。

　でも同時に、「なりたいほう」についても同じくらい詳細にイメージしてみてもいいのではないでしょうか。それが未来に続く思考の質を高め、ふさわしい行動につながり、望ましいあなたに近づくことになるでしょう。

　「〜にならないように」はリスク回避のいわば消極的な思考と行動ですが、ぜひ積極的に「〜になる」ための思考と行動を選んでみてください。

10

自分の過去を受け入れる

▌ つらい出来事が教えてくれること

　心の仕組みを学んだ私は、今つらいことや上手くいかないことがあっても「ただ不運だ」という思考から抜け出して俯瞰して考えることが増えました。

　私は一度目の教師生活で、保護者とのやりとりで何度も心が傷つき、自分や相手を責める日々を送り、その苦しみは数年経っても続くほどでした。でも心理学を学ぶ中で、「人生は自分で選んで決めているし、無駄なことはない」と教わりました。

　まさかあの保護者との出会いも必然で、今の自分にたどり着くためには必要なことだったとしたら…と、じっくりと考えたとき、ふと気が付きました。「保護者対応で苦しんだからこそ、今私は心理学やコミュニケーションをこんなに学んでいるんだ。認めたくないけど、もしかしてあの保護者のおかげなのかもしれない?!」

　すると、「あの保護者と出会わなければよかったのに」とそれまで鬱々と思っていたのが、「あの保護者との出会いは今の私にとって必要なものだったのかもしれない」と少しずつ思い始めるようになり、とうとう「あの保護者のおかげで今の私があるのでは」という結論にたどり着き、なんと苦しみから解放されたのでした。私にとって「消したい過去」が、「必要だった過去」になったのです。

点が線になった

　指導法や学級経営についてもそうです。

　私は教員時代は必ず毎年研究授業をしていました。それ以外にも、「この人！」という先生を見つけると、自主的に略案を渡して授業を見てもらったり、授業を見に行ったりするようにしていました。運動会の代休には勤務校以外の先生の教室を丸一日見に行くなど、学校外でもかなり積極的に学んでいました。

　初任のころ、押さえつける指導方法しか知らなかった私は教室でいつも威圧的にしていました。当時受け持った子が描いた教室風景の中の私は怒った顔をしていました。正直言って学級経営はうまくいっていませんでした。私は悩み、教室に向かう足取りは毎日重いものでした。そんな初任時代を送ったからこそ、その後「いつも子どもたちと楽しそうにしているあの先生は一体何を心がけているのか教室に見に行こう」「自分の学級や授業をできるだけ見てもらおう」「サークルで学ぼう」「本を読もう」と思えました。

　私の学ぶ意欲の源泉を辿るとそれは初任のころのつらい経験です。苦しんだからこそ「指導法を学ぼう」と思えたのです。また、時間管理で悩んだからこそ「ワーク・ライフバランスを学ぼう」と、貪欲になれたことに気づきました。

　当時の苦しみがなければ、二度目の教師生活での幸せも、独立後の今の幸せもなかったと、心から思います。

　上手くいく出来事も上手くいかない出来事も未来のあなたにつながるために、あなたに何かを教えてくれています。

自分の心に
従いましょう

予定は柔軟に

　さて、2章では教師としての軸を決めるワークをしたり、日々にやりたいことを落とし込んだりしてきました。それらを体現していく際に覚えておいてほしいことがあります。決めたのはあくまでも「その時点での自分だ」ということです。

　日々の一瞬、一瞬を満たされた気持ちで過ごすことが、今の連続である未来の幸せもつくり出しています。もし過去の自分が決めたことに違和感があるようなら立ち止まっていいのです。縛られて窮屈に感じてしまっては本末転倒だからです。

　そもそも、未来は予測不可能な部分がたくさんあります。天災や社会変化など、予期せぬこともたくさんあります。

　そしてあなた自身も日々進化しています。少し前に立てた目標や目的は、今日になると違和感があるものになっているかもしれません。

　ある先生は、若いころは「勤勉さ」を学級経営の軸にしていましたが、自分自身がさまざまな経験を重ねていくにつれ「不完全さも含めて丸ごと承認すること」を大切に思うようになりました。

　立てた予定や計画どおりにいかなくても、それを楽しむくらいの余裕で柔軟に計画を変えていってください。そのときに大切にするのはあなたが「本当はどうしたいか」「何にワクワクするのか」です。と

きには大目的や大目標を変えることもあるかもしれません。

　ずっと担任をやっていこうと思っていた人が、あるとき学校経営に目覚めて管理職を目指すことにしました。この先生の情熱のベクトルが「目の前の子どもたちに関わりたい」という思いから「職員室の大人に関わりたい」に変わったのです。自分の中からわき出る"ワクワク"に従ったからです。

　こんなふうに目標を変えることもあります。根気よく続けるのは尊いのですが、すでに違和感があって、心に無理が生じるのに続けるのは、自分の心にうそをついていることになります。

　どうぞあなたの内なる自分の声に従ってください。自分を幸せにする責任は自分にあるのですから。

　自分はどう生きたいのか。何をしたいのか。誰の役に立ちたいのか。どんな経験をしたいのか。何が好きで何を大切にしたいのか。人生という限られた時間をどう使いたいのか。自分の中からわいてくる声に耳を傾けて答えを探すしかありません。そのときの道しるべは、「ワクワクするかどうか」なのです。

　それは常識や世間の声や周囲のアドバイスでわかることではないのです。自分の中のワクワクや心地よさを羅針盤にするとわかります。あなた自身の人生をより彩り豊かで満たされた幸せなものにできるのはあなた自身にほかなりません。

▌「自分の軸」を再確認しよう

　2章のワークで考えた「自分の軸」に違和感が出てきたらもう一度改めてワークをしてみてください。

　ほかにも、「年度が変わるとき」「ライフステージが変わるとき」「何かを増やしたり減らしたりしたときに、迷いを感じたとき」、そんなときは、今のあなたに正直な幸せな日々を過ごすために、「軸」を再確認してください。

ワーク・ライフバランスを
実現させる人の考え方

結果を出す人はここが違う

　同じ講義を受けて、そのときは同じようにアクション宣言しても、ワーク・ライフバランスを実現する人と実現しない人がいることがよくあります。同じように「実現したい」と言いながら結果を出す人と出さない人がいます。その違いについてよく観察すると、結果を出す人に共通するのは次のことでした。

　結果を出す人とは、
①できる方法を考える人
②それを実行する人
　どちらも当たり前のことではありますが、結果を出さない人はこの真逆を無意識でやっているようです。
　真逆とは、「できない理由を考え、実行しない」ということです。

　例えば、カフェスペースを職員室の真ん中に設置して、職員の動線を変えることでコミュニケーションを円滑にして、働き方を見直した学校があります。
　この学校の事例を聞いて、結果を出さない人たちの思考は、「うちの職員室は狭いから無理」「カフェスペースを置くには自分には権限がないから無理」となります。これでは「以上、終了！」です。

一方、結果を出す人たちの思考は、

「どうしたら狭い職員室でもカフェスペースをつくれるだろうか」

「狭いから無理だけど、動線から変えることでできることはないだろうか」

「1人だと難しいけど誰に相談したら実現するだろうか」

「『動線』という視点が手に入った。子どもたちの動線を変えてみたらどうだろうか」

となります。できる方法に注目してそこから思考を巡らせることで必要な情報は入ってくるようになります。

▍働き方を見直すための時間は投資だという感覚

働き方を見直すために時間をかけたくない、という人がいます。放っておいても時間が自然と生まれてくるのならそれもかないますが、現実的ではありません。

災害用語に「自助」「共助」「公助」というのがあります。

「自助」自分の命を自分で守ること

「共助」周りの人と力を合わせて命を守ること

「公助」公の力で命を守ること

これは働き方を見直す際にもまったく同じ見方ができます。

「働き方の見直しに時間をかけたくない」という人たちは、「公助」だけを頼っていることが多いようです。しかし、実は公助・共助・自助のどれもが必要です。自助や共助にかかる時間がもったいないからと公助が入るまで待ち続けていたら、何も変わらないどころかどんどん疲弊してしまうおそれがあります。

「自分でできること（自助）」や「周りとできること（共助）」にかける時間は未来への投資です。ぜひ大きなリターンを手に入れてください。

13

味方を
見つける方法

校内で働き方の見直しに取り組む方法

　ここまでは個人や周辺の少人数で取り組めることを扱いましたが、学校全体で働き方を見直すことができたら、さらに幸せな働き方が実現します。働き方の見直しの必要性を教職員で確認し合い、日々の業務を見直して働きやすさをつくっていきましょう。

　よく相談されるのは、「個人としての働き方は見直せたが学校に広げるにはハードルが高い」というものです。
　もしかしたらあなたも同じことを感じているかもしれませんね。
　校長先生が働き方を見直す必要性に十分に気が付いているなら、ぜひ背中を押して一緒に進めていってください。多くの場合、校長も働き方を見直したいけど「定時退勤」の声がけをしているだけで具体的方策がなくて困っている、というのが現状です。
　また、校長がまだそこまで至っておらず働き方の見直しに後ろ向きという場合もあります。その場合は、直接校長にアタックしてもあまりよい結果は期待できません。全国には驚くほど頭の固い管理職もいます。
　「校長を動かすことができるのは誰なのか」をよく観察して、その人にアタックしてみることが大切です。教頭先生や教務主任がよく挙がります。事務職員かもしれません。その事務職員を動かすのは養護の先生かもしれません。というふうに、「学校を動かすことができる人」

を「最終的に動かす」のは誰なのかをたどっていって、そこに働きかけることで学校としての取り組みにする道ができます。

▌ 賛成派と中間派にアプローチ

校内に味方を見つける場合、ここでも２：８の法則を使います。

働き方を見直したいあなたに大いに賛同してくれる人は全体の２割です。そして、反対する人も２割、中間層が６割です。このように想定しておけば反対されたからといって、落ち込む必要はなくなります。反対者がいるのは当然であり、ほかにきっと賛成してくれる人がいるはずだからです。

味方をつくる際に効率的なのは、賛成してくれる２割を見つけ出すことです。それから、中間の６割を少しずつこちらに向いてもらえるように働きかけます。学級経営と似ていますね。

人数がある程度集まったら、あなたの個人的な願望や不満ではなく、建設的な意見として学校全体の場に上げましょう。

反対派の２割に働きかけて振り向かせようとすると、労力の割に疲弊して結果が出にくいので、この方法をおすすめします。

▌ 気楽な会話で仲間を見つける

味方になってくれる２割の人たちを見つけるには、あなたが「話したい」と思う校内の誰かに、気楽に、ただしまじめにあなたの課題意識を話してみてください。

「気楽にまじめに話し合う場」をオフサイトミーティングといいます。会議だとかっちりしすぎ、飲み会だと脱線しすぎます。その間の気楽さとまじめさを兼ね備えた雑談的な話し合い、といったところです。こういう場で血の通った情報を交換してみると、同じ思いを持っている人がいることに気が付けます。

行事規模を縮小した例

ゼロベースで考える

ある小学校の2年生は毎年、全校規模の"郵便屋さん"を数週間かけて大々的にやっていました。2年生の子どもが郵便屋さんになり、全校児童が投函したはがきを宛名の学級まで届けるのです。郵便屋さんはタスキをかけて帽子をかぶり、はがきは全校児童にふんだんに印刷して渡します。

はがきの仕分けや配達は生活科の授業時間内には収まらず休み時間も使ってするので、担任にも大変労力がかかるものでした。準備にも時間がかかりました。

ところがある年のこと、2年生を引っ張っていたベテランの先生がけがで講師に代わり、他の2学級も新任だったため、この毎年のイベントがあるということを2年生の担任は誰も知らずに時期が過ぎてしまいました。

簡単な配達ごっこを各学級内でしましたが例年のような一大イベントはせずに過ぎました。そのことに気が付いたのは3学期。けがをした先生が戻ってきて初めて気が付いたのでした。

大々的な郵便屋さんはしなかったが郵便の学習はしっかりできた。つまりこの単元で学ぶべきことは学べたのです。

▌郵便屋さんの例で判明したこと

- 前例踏襲ではなく担任3名がゼロベースで考えて適正な規模の体験学習ができた
- 結果的に規模を縮小したことになったが誰も気づかず、少なくとも誰からも指摘されなかった
- 子どもたちは小さな規模でも喜んで取り組み、学習の目的は達成できた

▌気軽に改革

　先生方はまじめさのせいか、改革に慎重になりすぎている傾向があるようです。1回やってみたり、やめてみたりしたからといって、「もう二度と元に戻せない」なんてことはありません。支障があったなら戻すか改善すればいいのです。

　教師の働き方を見直す社会的気運が高まっている今なら、「お試し」もしやすいはずです。担任制をやめたばかりのころにお話を伺った際に、麹町中学校の工藤勇一校長は「始めてみたところなので試行錯誤している」とおっしゃっていました。

　これまでさまざまな改革をされてきた工藤先生の功績だけに、はじめから確信があってどの取り組みもしているように見えますが、実は気軽な気持ちで校内に一石を投じられているのかもしれません。

学校を元気にする

▐ 目指す子ども像への近道

　私がコンサルタントとして関わったある学校で、校長先生が「働き方を見直すのは目指す子ども像への近道だった」とおっしゃいました。

　それまでは仕事を抱えすぎていて、大事にしたいことに時間をかけられなかったのですが、本当に必要なことに必要な時間を使えるようになったというのです。

　例えば、総合学習の内容が多すぎて事前事後学習が不十分な「こなす」学習だったものを見直し、大切にしたかった「キャリア学習」に十分な時間を取れるようにしました。

　そうです。すでに気が付かれた人もいるかと思いますが、これはここまで本書であなたが自分の教育観や人生観に沿ってやりたいことを決めてきたことと同じですね。

　「何を大切にしたいのか」「何を目指すのか」。学校で働き方を見直すときにも本質は同じです。

▐ 元気な学校三原則

　あなた自身の働き方にとどまらず学校として働き方を見直すなら、ぜひ追い求めてほしいのは次の三原則がかなった景色です。

●教職員の**やりがい**
- 子どもの成長、自分と学校のパフォーマンスアップを感じられる

●教職員の**ゆとり**
- 教職員に時間と心のゆとりがある

●教職員の**私生活も含めた充実**
- ライフにリラックス、リフレッシュ、インプットがある

▌ 学校の変化

　学校のみんなで話し合ってみると、「数年間思っていたことがやっと言えた」「自分たちの学校をつくっていけるなんて考えたこともなかったのでうれしい」などの声が上がります。話し合ってみると「自分だけじゃない」とわかり「変えられるんだ」と気が付くのです。まずはそれが改革の第一歩です。

　学校の現状によって、「みんな」の範囲は変える必要があります。まずは「学年担任のみんな」ということもありますが、理想的なのは事務職員から校長、教育委員会、地域・保護者も含めた「みんな」であり、実際にそうした全員参加の働き方の見直しを始めている学校もすでにあります。

　私が先生方の働き方の見直しを支援させていただく中で想定外だったうれしい成果として、「市内全体で教師の交通事故が激減した」というのがありました。

　県に報告する義務のある重大な事故が１年間０件だったことで事務作業に時間を取られることもなくなりました。そして何より、担任が事故で出勤が遅れたり、けがをしたりすることがあれば子どもへ少なからずショックを与えますが、それが激減したのです。

　ほかにも、給食の残食が減った、授業中の体調不良が減った、体験入学者数が増えた、職員室の風通しがよくなった、教職員のチーム力が上がった…などなど、さまざまなよい変化があります。

8つの役割で
自分の役割を考える

今も10年後もハッピーでいるために！
今のあなたと10年後のあなたを考えてみましょう。

【8つの役割採点ワーク：ライフロール】

(株式会社CREA柴田佐織さん考案のワーク)

8つの役割をどれくらい果たせているかを考えてみましょう。

1　職業人（先生）として　　仕事の時間
2　パートナーとして　　　　配偶者としての時間
3　学ぶ人として　　　　　　自分を高めるための時間
4　遊ぶ人として　　　　　　遊ぶ時間
5　地域の一員として　　　　自治会・PTA・市民としての時間
6　子どもとして　　　　　　介護や親孝行の時間
7　暮らす人として　　　　　家事にかける時間
8　親として　　　　　　　　我が子と関わる時間

●ライフロールのワークをした人の例

Ａさんは独身で仕事に追われて仕事が楽しくてそれで満足でした。

しかしライフロールの採点をすることで、ほとんどの時間を仕事に費やしているということに改めて気づきました

10年後の時間の使い方の理想を考えたところ、10年後の30代後半では子どもが欲しいということに気が付いたＡさんは、今、婚活をしなくてはいけないのだと気づき、時間の使い方をガラッと変えました。

外の世界に出かけていったところ、恋人ができて結婚が決まりました。

また、これまで出会わなかった人たちとの人脈ができました。

仕事以外の時間を増やそうと決めていたＡさんは、誘われて教育改革についてのシンポジウムに行き、視野が広がり、授業で新しいアイデアが浮かぶようになりました。

また、異業種の人との交流から、人それぞれ価値観は多様であることに気が付いたＡさんは、イライラすることが減りました。

外部セミナーに参加してみたら校内研修では経験したことがないくらい充実した時間だったので、学ぶ楽しさに目覚めました。しっかりインプットするようになったＡさんは、仕事にかける時間をぐっと短くしながらも、仕事がこれまでの何倍も楽しくなったそうです。

記入例：

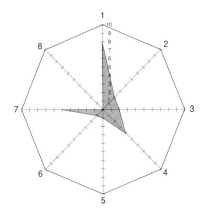

【自分の役割採点ワーク】

①現状は？

役割の果たし具合はどうでしょうか。

今のあなたの８つの役割を振り返り点数をつけてみましょう。

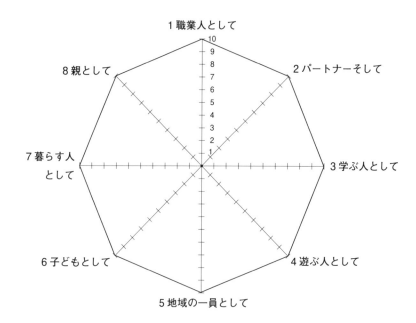

チェック！

・今のあなた

それぞれに必要な時間が取れているでしょうか

□必要な時間がなくて今すでに不満！

□今はこれで満足！　だけど このままずっと続けていけるかは心配

□このまま１０年、２０年やっていきたい

②10年後の理想は？

10年後はこうなっていたい、という理想の点数を入れてみましょう。

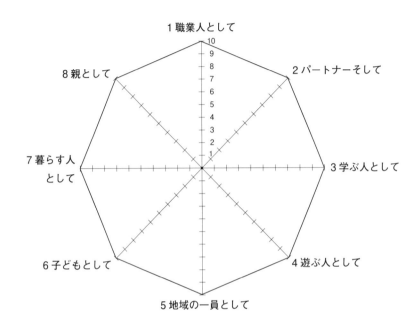

・10年後のあなた

①今のあなたよりも、増やしたいのはこんなこと

（　　　　　　　　　　　　　　　　　　　　　　　　　　　　　　　）

②今のあなたよりも、減らしたいのはこんなこと

（　　　　　　　　　　　　　　　　　　　　　　　　　　　　　　　）

③どんなことを感じましたか？

（　　　　　　　　　　　　　　　　　　　　　　　　　　　　　　　）

　少しずつシフトさせることもあれば、今すぐに改善しないといけないこともあるかもしれません。時間と上手に付き合えるようになり、日々がもっと輝くものにしてください。

Column 3

校長と保護者を
動かす

「大きな行事は校長先生が決めることだから見直せない」「ただでさえ保護者の要望が多いのに協力してもらうなんて無理」という先生の声を聞きます。本当にそうでしょうか。

▎文化祭と運動会という二大行事も見直せた

文化祭や運動会について見直して、「大きな行事は変えられないと思っていたが、話し合ったら変えられるんだ（先生たち）」「まだ改革できることがあったとわかった（校長）」という声が上がった学校があります。

廃止や簡素化も含めて教員みんなで話しながら、意見をふせんに書いて模造紙に貼り、できるだけ可視化しました。これをもとに働き方改革担当教員とともに話し合い、最後は校長先生が決断するのですが、総意が可視化されていたので決断がしやすく、また、一部の人が密室で決めた答えではなく、みんなが納得する結論が出せました。

校長先生も決断のための素材が欲しいと思っていることはよくあります。校長先生が決断しやすいように材料をそろえてみることで、大きなことでも動かせる可能性は実は大いにあります。

■ 先生に温かいまなざしを持つ保護者は想像以上に多い

　学校には声の大きいごく一部の保護者の声はよく聞こえますが、声を上げない大多数の声は届きません。なので先生は、まるで多くの保護者から監視されているように感じてしまうことがあります。

　でも実は、「学校に物申したい」という人よりも「学校を応援したい」と思っている保護者のほうが大勢います。私のもとには保護者から「先生を応援するための勉強会がしたい」とよく声がかかります。そうした中でわかったことは、保護者は学校の力になりたいけれど多くの場合、迷惑になったらどうしようと気を使って言い出せないでいるということです。日ごろ学校に行くと先生たちが分単位でバタバタしている姿を見るので助けたいと思っていた・心配していた、というのです。

　学校の働き方改革をテーマに教員と保護者が一緒にワークショップをすると、和気あいあいとした雰囲気の中で、教員からは「連絡帳の返事が書けないときもありますが許してください〜（笑）」「生活習慣は家庭でお願いします！」と本音が言えたり、保護者からは「これまで先生は何でもできるスーパーマンだと思っていた」「先生、もっと保護者へ『ノー』と言っていいですよ〜！」という声が上がったりしてぐっと距離が近づきます。

　一緒に考えることで、教育課程内だった学校行事を学校から離して地域行事にした例もあります。学校側から自分たちの困り感を発信するのは勇気がいるのですが、私の知る限り、ヘルプを求められた保護者の反応は「やっと言ってくれた」という好意的なものです。

　校長先生も保護者も、具体的にどうしたらいいのかわからないので、現場の先生から声が上がるのを待っているかもしれません。

おわりに

　仕事と私生活のメリハリをつけて日々を丁寧に過ごす。

　そんな当たり前の「普通の幸せ」が困難に思えるくらい、学校の先生は時間に追われています。あまりに追われていてつい、先生ってこんなもんだとあきらめたり、辞めてしまおうか…と考えたりすることもあるかもしれません。

　何を隠そう、私自身が一度目の教員生活でそう思ったことは告白しましたね。

　今振り返れば、あんなに大変だったからこそ「何に時間を使いたいのか」を真剣に考える必要性に気が付くことができました。

　教員だった私は、ゆとりがまったくなかったからこそ、ゆとりのためには自分を見つめ、仕事にも私生活にも徹底的に優先順位をつけ選択と集中せざるを得ませんでした。

　すると気が付くと、24時間の中で満足している時間が増え、教師としても1人の人としても幸福感がアップしていました。それは、「大変だけど、楽しい！」「日ごとに幸せが増していく」と感じる日々でした。

　誰にでも平等な1日24時間。その中で「本当に大切だと思うこと」「心からやりたいこと」を真剣に考えて、あきらめずに行動して、その割合を少しずつでも増やしていけば、質の高い24時間にすることができることに気が付きました。

　そんなに楽しかったのに教師を辞めて独立したのは「もし同僚のみんなが本当のワーク・ライフバランスに気が付いたら…！　学校はもっと元気で楽しいところになれるのではないか」と思ったからです。

こんなに素晴らしいワーク・ライフバランスという考え方・生き方を自分だけのものにしておくのは、あまりにももったいないと思いました。

　そこで、学校の外に出て、2015年の春に教員を退職して「先生の幸せ研究所」を立ち上げました。

　独立当初はまったく吹いていなかった「働き方改革」の風が吹き始め、「先生の幸せ」の大切さに気が付く人が増えているのは本当にうれしいことです。

　仕事と私生活をうまくやりくりするだけにとどまらず、ワークとライフの相乗効果で、日ごとに幸せを増していくような先生をもっともっと増やすことが私の役割です。

　この本が、あなたの幸せ度が増して、さらに輝く人生を送り始めるきっかけになったならとてもうれしいです。

　私にワーク・ライフバランスの考え方を教えてくださって、本書に推薦文も寄せてくださった小室淑恵様、こうして伝える場をつくる縁をくださった吉田忍様、編集協力の林口ユキ様、編集の山本聡子様、制作の福井香織様、関係するすべての方々へ感謝します。

　2020年1月

先生の幸せ研究所

澤田真由美

●著者紹介

澤田 真由美（さわだ まゆみ）

1981年生まれ。東京都出身。青山学院大学卒業後、東京都と大阪府の小学校教員として約10年間勤務。教師として悩みぬいた自身の経験から、技術も心も豊かな幸せな教育者を増やしたいと、2015年に独立し『先生の幸せ研究所』を設立。幼稚園・保育園・小学校・中学校・高等学校・特別支援学校・教育委員会におけるコンサルティング・講演等実績多数。「先生のゆとりは子どもの輝きに直結」を広めるべく地域・保護者の啓発も手掛ける。

人生が変わる！先生のための仕事革命ワークブック

2020年2月26日　初版発行

著　者	澤田 真由美	
発行者	佐久間重嘉	
発行所	学 陽 書 房	

〒102-0072　東京都千代田区飯田橋1-9-3
営業部／電話 03-3261-1111　FAX 03-5211-3300
編集部／電話 03-3261-1112
振替　00170-4-84240
http://www.gakuyo.co.jp/

編集協力／林口ユキ
ブックデザイン／スタジオダンク
DTP制作／越海辰夫
印刷・製本／三省堂印刷